Le Franc CFA

Du même auteur

-Autopsie d'un désastre, TheBook Edition, 2024, 199 pages.

-Portrait d'un ex-colonisé au XXIe siècle, Thebook Edition, 2024, 160 pages.

-En DIEU se trouve seulement l'Amour, Evry-Courcouronnes, CesbcPresses, 2022, 112 pages.

-Les origines d'un peuple : les Iaris, Histoire et ethnologies, Evry-Courcouronnes, CesbcPresse, 2019

-Loi de Say et développement économique en Afrique subsaharienne, Corbeilles-Essonnes, Editions ICES, 2008, 286 pages.

-Pilemil, Michel, Brazzaville aux carnassiers : Mythes et élites en jeu, L'Harmattan, 2001.

Michel MILANDOU

Le franc CFA

Histoire

et

Responsabilité dans l'histoire

© 2025 Michel MILANDOU
Édition : BoD · Books on Demand,
31 avenue Saint-Rémy, 57600 Forbach, bod@bod.fr
Impression : Libri Plureos GmbH, Friedensallee 273,
22763 Hamburg (Allemagne)
ISBN : 978-2-8106-1313-7
Dépôt légal : Février 2025

Avertissement

Une erreur funeste est celle de basculer automatiquement dans la rubrique "Économie" au seul motif d'être en face du mot "développement". Funeste parce qu'elle conditionne l'intelligence qui, de ce fait, se voit élaguer de son potentiel d'entendement et est poussé vers l'appauvrissement. La théorie économique s'est alors emparée d'un concept pourtant profondément ancré dans l'humain. De sorte qu'il n'y a de développement que dans l'humain. Qu'est-ce à dire ?

Les analyses statistiques en économie pouvaient annoncer la déchéance conceptuelle de certaines sociétés humaines qui ne cessaient de s'embourber dans la stagnation économique. En dépit d'une croissance avérée, le fossé ne parut pas se resserrer entre cette croissance et le développement, c'est-à-dire l'expansion des effets de cette croissance sur le bien-être général. L'entreprise avait peu d'emprise sur la société ; l'entrepreneur était dans la science-fiction ; et les parcours entrepreneuriaux de quelques individus servaient plutôt la cause de la distraction dans une société sclérosée. L'histoire devenait un spectacle divertissant, d'où ne sortait aucune leçon : les conclusions étaient inexistantes et de toute façon, elles n'auraient servi qu'à peu de chose.

L'accaparement du concept de développement par l'analyse économique éliminait aussi naturellement les objections d'autres disciplines, telles que l'anthropologie, la sociologie et la psychologie, qui sont censées être très proches de l'humain. L'acte économique - la production et l'échange - est d'abord un acte social. De ce fait, le progrès – technique et technologique, social – est d'abord un fait social avant de revêtir un caractère subsidiairement économique. Voilà comment est apparue cette floppée de qualificatifs sur certaines sociétés par celles qui prétendent avoir vaincu la nature en ayant réussi à extirper d'elle le meilleur qui soit, désigné par développement, c'est-à-dire l'ensemble de bienfaits qui allègent la pénibilité dans l'existence en favorisant l'augmentation de l'expression des plaisirs qui est au fond, l'essentiel de l'humain.

Pour dire que la conception de la vie et son entendement sont les seuls déterminants de l'organisation sociale/sociétale. Il n'y a pas de développé et de non développé. La société pygmée eut continué dans son mode de vie que ses voisins qui ont subi la colonisation européenne s'empressèrent de la qualifier d'attardée. Pourtant entre les deux, c'est sur ceux qui ont été colonisés que retombe la pauvreté.

Introduction

Le sujet ici est la souveraineté sur la monnaie. Il ne s'agit donc pas de la monnaie, de ses fonctions et de tout le circuit monétaire. Il s'agit de la souveraineté, conçue comme une clé essentielle dans l'évolution économique d'une nation. De cette souveraineté qui est assise sur des attributs déterminés. Puisqu'il s'agit de l'évolution économique d'une nation, nous nous sommes investis dans une démarche qui amène directement au début de cette évolution.

Il y eut un 16 décembre 1959. Une date censée faire date dans l'histoire de l'émancipation politique de l'Afrique francophone. Une date qui, pour beaucoup, est la pire de toutes ; cette date qui consacre l'entourloupe monétaire que les états-majors politiques des États en formation en Afrique consacrèrent comme chargée de symboles et d'espoir.

Le président de la République du Congo, de retour du « sixième conseil exécutif de la Communauté » au Sénégal, à Saint-Louis, les 11 et 12 décembre 1959, considéra cet événement comme l'un des plus importants et l'un des plus émouvants de tous ceux qui se sont tenus jusqu'à ce jour : « C'est une nouvelle étape dans l'évolution de la Communauté qui vient d'inscrire à son actif quelque chose de bien nouveau et que l'histoire du monde entier doit retenir et enregistrer en caractères indélébiles.

« Ce conseil marque la volonté de la France de conduire tous les peuples à leur propre épanouissement, ...
« Grâce à la clairvoyance du Général de Gaulle et à la largeur de ses vues, ce Conseil exécutif offre à la Communauté tout entière des perspectives nouvelles et des horizons nouveaux pour nos patries

; à la lumière de ces options, des programmes nouveaux seront conçus dans le cadre de la Communauté. ... » [1]

En cette date, la monnaie en circulation venait de vivre sa deuxième révision de la parité, cette fois en sa défaveur, mais reflétant mieux une réalité économique qui semait le flou dans l'analyse économique. Ce qui ne parut pas soulever d'interrogations particulières, si ce n'est la conviction que cette nouvelle parité servirait mieux la cause de ces perspectives nouvelles et permettrait d'entrevoir des horizons qui, aidés par une conception de programmes nouveaux et adaptés, devraient être prometteurs, bien plus, porteurs.

Mais on comprend que l'enthousiasme des autorités locales, plus fondé sur l'éducation chrétienne subie et avec une formation scolaire qui ouvrait sur l'extase devant l'économie européenne, l'élite n'eut point de référence suffisante pour s'apercevoir du piège de la monnaie. Celle-ci offrait en réalité des opportunités à la politique économique de se mettre en place et de nourrir l'espoir sur le sentier de l'émancipation d'abord et du développement ensuite. Ainsi, en s'adressant à la nation le 25 décembre 1959 et se référant au Général de Gaulle, il proclamait : « L'essentiel pour jouer son rôle international est d'exister par soi-même, en soi-même et chez soi. Il n'y a pas de réalité internationale. Il faut qu'un pays qui joue son rôle dans le monde prenne des voies qui le lui permettent, et ces voies sont d'abord qu'il se constitue un État. » « Les paroles du Président de la Communauté commandent votre propre destin. Sans État fort, que pourrions-nous devenir ; pas même acquérir tous les attributs de la souveraineté interne. »[2]

Entouré des conseillers de la Communauté, parmi les attributs de souveraineté, aucune allusion à la monnaie

---

[1] Ministère de l'Information, 1960 Année de L'Afrique. La vie politique dans la République du Congo Brazzaville.

[2] Ministère de l'Information, 1960. « Dans les annales du temps, l'année 1960 aura été l'année de l'Afrique. Aussi, dans le contexte de l'émancipation totale de l'Afrique, avec ses drames comme avec ses espérances, il faudra un jour écrire l'histoire... » Ainsi s'exprimait René Gauze.

n'effleure la pensée de cet homme politique. La monnaie en circulation ne pose pas de problème de souveraineté, parce que les problèmes qui se posent sont de l'ordre budgétaire, dans le sens de la croissance qui favorise l'emploi et, par la suite, le bien-être. Lors du message de nouvel an, le 1er janvier 1960, il dit : « Sur le plan économique, deux points principaux apparaissent. Premier impératif : augmenter la production, qu'elle soit agricole, forestière, artisanale ou industrielle. Nous ne pouvons demeurer éternellement dans l'ancien système, qui consiste à vendre des produits bruts, ceux qui rapportent le moins à un pays, et à acheter au dehors et le plus souvent au prix le plus fort, tous les produits manufacturés dont nous avons besoin.

« Seconde nécessité, qui conditionne peut-être la première : faire baisser le coût de la vie, qui est ici l'un des plus chers au monde. Si une telle campagne est actuellement en cours en France, elle n'est au Congo pas commencée, alors qu'elle y est encore plus nécessaire en raison de la faiblesse du pouvoir d'achat qu'aggrave encore la hauteur des prix. » [3]

Il y a la conscience de l'inflation, du coût de la vie et leurs rapports avec la production ; il n'y a pas la moindre image d'une suggestion que la nature de la monnaie pouvait être aussi une explication de cette conjoncture.

Enfin, on peut déjà noter les perspectives prometteuses d'une exploitation efficiente de la Communauté. Le 8 janvier 1960, devant les principaux représentants des activités commerciales, industrielles, économiques de Brazzaville et du Congo, il déclare : « La situation géographique du Congo en a fait une voie de transit et une base commerciale et industrielle dont la vocation dépasse son seul territoire. Nous sommes donc naturellement portés à envisager une planification de l'organisation des transports, des productions, des économies à un échelon plus général qui nous conduit à rechercher les ententes nécessaires avec les Républiques voisines.

---

[3] Ibidem

« Cette coordination paraît également nécessaire pour assurer un meilleur écoulement de nos produits, des garanties de prix et de stabilité des marchés à l'heure où nous nous engageons de plus en plus fermement dans le Marché commun. »

« Nous savons aussi que le développement des entreprises industrielles entraîne le progrès social et culturel. Il dote le pays d'une économie diversifiée et plus stable vis-à-vis des changements de la conjoncture mondiale.

« Quoique les perspectives de création d'une industrie lourde ne soient pas immédiates, l'établissement d'industries légères et manufacturières peut dès maintenant être envisagé.

« Le Gouvernement de la République du Congo a donc le vif désir de pratiquer une politique assurant la rentabilité des investissements et leur sécurité politique. » [4]

Toutes ces projections dans le futur ne parussent pas gênées par la monnaie. Bien au contraire, si l'idée d'un marché commun avait pu germer dès ces premiers instants des nations, c'est du fait de la présence d'une monnaie commune.[5] C'est bien ce que se propose de faire découvrir ce texte.

***

Un événement monétaire capital pour quatorze pays africains se produisit en 1994. La presse seule en fut le témoin privilégié. Le journal Jeune Afrique, plusieurs années après, s'y intéressa par le biais de l'article qu'il y consacra, titré : Dévaluation du franc CFA : le spectre de 1994.

« Vingt-deux ans après la dévaluation du franc CFA, les Africains gardent le souvenir d'un séisme qui a fait chuter leur pouvoir

---

[4] Ibidem

[5] Plus de trente années plus tard, un président du Gabon jugea plus rentable pour son pays, et surtout pour les finances publiques de celui-ci, d'inscrire son enfant dans une école privée dans le Congo voisin. Cet élève quittait chaque jour le palais de marbre à Libreville pour son école à Brazzaville et regagnait l'après-midi son palais de marbre ; un Falcon 50 lui permettait ce voyage. Qu'aurait pu y faire une monnaie souveraine africaine ou simplement gabonaise ?

d'achat et d'un diktat imposé par la France », commente l'auteur de l'article dont voici le rappel des faits :

« Dakar, 11 janvier, 20 heures 50 », titrait Jeune Afrique dans son numéro 1724, daté du 20 janvier 1994. Un lieu, une date et une heure, comme l'annonce d'une naissance, après dix-sept heures de travail, ou d'un décès, après une tout aussi longue agonie. C'est selon. Antoine Ntsimi, ministre camerounais des Finances, visage grave et creusé par la fatigue, lit alors un communiqué annonçant la décision des quatorze chefs d'État et de gouvernement de la zone UEMOA et BEAC de « modifier la parité franc CFA ».

Cent F CFA ne valent plus que 1 franc français, contre 2 quelques heures plus tôt. Du jour au lendemain, des millions de foyers ont alors vu leur pouvoir d'achat s'effondrer, ressentant cette mesure comme un coup de poignard dans le dos asséné par l'ancien colonisateur. Vingt-deux ans plus tard, la plaie n'est pas tout à fait refermée. Le spectre d'une nouvelle dévaluation imposée par la France continue de hanter la zone CFA.

Paris a-t-il forcé la main aux dirigeants du continent ? Certes, les conseillers Afrique de l'Élysée de l'époque, Jacques Foccart et Fernand Wibaux, y étaient opposés. Mais personne au sein des gouvernements Bérégovoy, puis Balladur, ne pensait pouvoir faire l'économie d'une telle mesure. Après des mois de rumeurs et d'hésitation, « il n'y avait plus d'argent, tout le monde retirait ses capitaux... la zone était exsangue », rappelle l'économiste Jean-Michel Severino, directeur de développement du ministre de la Coopération, Michel Roussin, au moment des faits.

« Avec nos partenaires africains, nous y travaillions depuis longtemps, poursuit ce témoin privilégié, mais jusqu'alors, jamais il n'y avait eu consensus. Ça a été un processus complexe, avec de nombreux soubresauts ». L'événement sera qualifié « d'historique » par Roussin : « Il y a eu la colonisation, la loi-cadre, les indépendances, et la dévaluation. »

« Dirigeants d'hier et d'aujourd'hui.

« Qui étaient, et que sont devenus, les acteurs africains de ce 11 janvier 1994 ? Certains s'en sont sortis mieux que d'autres. Aux premières loges, l'Ivoirien Charles Konan Banny, gouverneur de la BCEAO. Il occupera par la suite le poste de Premier ministre de Laurent Gbagbo. Son compatriote Alassane Ouattara, aujourd'hui président de la Côte d'Ivoire, a joué quant à lui un rôle déterminant dans la préparation de la dévaluation, lorsqu'il était chef du gouvernement de Félix Houphouët-Boigny, jusqu'en 1993. C'est son successeur, Daniel Kablan Duncan, qui paraphera la déclaration de Dakar. Ce dernier a retrouvé son fauteuil en 2012.

Aux côtés de la signature de l'Ivoirien, celle de son homologue congolais Joachim Yhombi-Opango. Brazza-ville est alors dirigée par Pascal Lissouba. Les effets de la dévaluation y ont eu des conséquences particulièrement violentes, alors que le pays vivait déjà une crise politique et économique. Yhombi sera remplacé en 1996. L'année suivante, après l'échec de Pascal Lissouba face à Denis Sassou Nguesso, il prend la route de l'exil pour ne revenir à Brazzaville qu'en 2007. Il a depuis repris les rênes de son parti politique, le Rassemblement pour la démocratie et le développement (RDD).

Nombre de chefs d'État concernés à l'époque ont depuis quitté de gré ou de force les arènes du pouvoir – le dernier étant le Burkinabè Blaise Compaoré –, d'autres ont su résister au séisme provoqué par Dakar. Idriss Déby Itno, Teodoro Obiang Nguema Mbasogo, Paul Biya, inamovibles dirigeants du Tchad, de la Guinée équatoriale et du Cameroun, étaient tous présents dans la capitale sénégalaise. Pourraient-ils être amenés à négocier une seconde dévaluation ? « Conceptuellement, une autre dévaluation est possible, estime Jean-Michel Severino. Mais aucun signe, aucun élément, ne laisse à penser aujourd'hui qu'un tel recours soit nécessaire. »

Cet article, qui soulevait déjà des points cruciaux dans l'avenir du système économique et financier de ce conglomérat de pays, montrait, si besoin était, les limites de la réflexion des experts et des spécialistes économiques de ces deux zones financières. On aurait pu s'étonner de la plongée dans l'apathie de l'intelligentsia qui, dans la torpeur de cette annonce, se contenta de la posture générale, celle prise par la population, la résignation.

Ce qui parait être une prise de conscience politique actuelle, est donc plutôt l'effet d'un aveu d'impuissance. Parce que quand on connaît l'origine de la monnaie, la question d'hésiter sur l'appel en faveur d'une monnaie souveraine pour ce conglomérat de pays devient l'expression d'un aveu du matraquage culturel subi.

***

Qu'est-ce que la monnaie ? Cette question qui, à l'entendement d'un certain public d'initiés à l'analyse économique, peut aller de soi, mérite qu'elle soit posée posément. Parce que l'actualité sociopolitique de tout un continent est faite de projections pessimistes sur l'avenir de tant de populations, sur les aspects des capacités supposées à subvenir aux besoins primaires essentiellement et de la survie tout simplement, l'honneur propre des élites est écorné. Et face à la médiatisation grandissante de la pauvreté qui tend à poser la question sur les capacités d'absorption des connaissances par le système scolaire, une stratégie de contre-attaque a été échafaudée : trouver le bouc-émissaire le plus apte à assurer le repli qui permettrait à ces élites une meilleure tenue d'apparat devant la population enlacée par la pauvreté. Voilà comment la question monétaire en est arrivée à occuper l'actualité.

Par la presse notamment internationale, l'opinion publique est alertée sur les aspects du développement de l'Afrique au travers des prismes renvoyant des images de la famine. Celles-ci véhiculent les traits particuliers du système économique et social de ces sociétés humaines caractérisé par les insuffisances factorielles du système de production. Il s'agit en clair de l'insuffisance de la formation et du niveau de l'organisation comme atout essentiel du progrès. Cette presse, plus diplomatique que médiatique, se garde ainsi de pointer les insuffisances des politiques macroéconomiques mises en place. Et localement, les analyses entreprises s'exercent sur des aspects de l'économie au quotidien touchant la production locale d'offre de biens de consommation et les ajustements de celle-ci par le commerce international, plus représenté par la balance commerciale. Cette dernière a su déjouer la vigilance sur les aspects monétaires, tant que c'est le solde qui importait. Le déficit était bien maquillé au niveau de la société par une superbe balance des paiements requinquée par les exportations des matières premières. La rente ainsi collectée imprimait un rythme à l'analyse et à la réflexion sublimant avec réussite la question de la monnaie nationale ou internationale souveraine. Tant que la consommation nationale ne rencontrait aucune limite, par la grâce de la rente, aucune suggestion sur cet aspect de la monnaie souveraine n'était envisagée. Et justement, pourquoi cette question de la monnaie souveraine émerge-t-elle actuellement ?

Le choix stratégique de la monnaie pour mener cette contre-attaque n'est pas dû au hasard. Il relève d'un calcul simple et surtout porteur. Il est populiste. Bien que les questions monétaires soient parmi les questions soulevées par l'analyse économique celles qui donnent le plus de mal aux étudiants en Afrique Noire [6], comme par un paradoxe heureux, en Afrique noire actuelle, c'est l'aspect de la vie économique qui est le plus à portée de l'entendement du public ; parce que la monnaie, c'est l'argent, et l'argent, c'est le bien-être. Or le bien-être est visible.

Sur ces entrefaites, les prétendus spécialistes des questions monétaires ont, eux aussi, intériorisé cette tendance. Quand ils soutiennent la transposition que jouir de la souveraineté monétaire est un moment plein de dynamisme par les facultés

---

[6] La question du franc CFA a donné autant de mal aux formateurs puisqu'il a fallu attendre plus de soixante ans après les indépendances pour qu'il y ait un éveil des consciences sur son inopportunité.

qu'il procure aux autorités de la politique économique à penser des stratégies de progrès sociaux. Cette transposition, pourtant pleine de désolation, est pensée comme une trouvaille essentielle sans laquelle on n'aurait pas pu appréhender le pessimisme des indicateurs économiques. L'analyse économique africaine s'arrête, figée dans le plâtre d'une souveraineté monétaire qui se cherche et ne se retrouve pas.

La problématique est aisément conçue : Jouir de la faculté de manipuler l'outil monétaire, c'est jouir de la faculté d'avoir le destin national dans ses mains. Il s'agit là presque d'une baguette magique qui permet d'effacer un déficit de la balance commerciale, par le simple jeu de visualiser le cours de la monnaie au travers d'un jeu de loupes. La production est dans ce jeu reléguée au deuxième plan.

Voilà donc que la vraie bataille se situe au niveau de la souveraineté monétaire. Parce que tout le reste (la politique budgétaire, la politique fiscale qui est le socle de la première, l'investissement – le vrai facteur du progrès – lui doit son efficacité). Doit-on comprendre que la stagnation économique de cet espace géographique est le fait d'une banque centrale, pourtant bien présente, mais qui n'a de centrale que le nom ? Du fait surtout qu'elle est liée à une autre structure bancaire ou simplement financière par le biais d'un compte à un trésor national d'une autre nation ? Le compte d'opérations dans ce système monétaire a-t-il pu enlever à la souveraineté nationale sur la politique de développement, la capacité d'émettre des idées de progrès ? Serait-il vraiment responsable du très lent progrès enregistré par l'Afrique Noire ? Car malgré tout, le progrès n'y est pas totalement absent, une légère industrialisation s'étant amorcée et occupant des secteurs de consommation déterminés.

L'adhésion à cette croyance n'est pas du ressort de la science. Les analyses sur l'échec de la tenue des états généraux des économies nationales dans la zone Franc sont si silencieuses ; elles sont responsables de ces coups de fièvre qui ne trouvent leur résonance que dans la nature réelle de l'Africain[7] ; cette nature si paradoxale qui montre des résultats débouchant sur l'incompréhensible : le constat de 1962 par Dumont R. a été plutôt effacé par une présence du facteur travail de plus en plus qualifié, mais qui bute sur le marché sur une demande insatisfaisante dont la raison objective ne saurait se trouver dans la marche des affaires économiques seule. L'implication de la géopolitique dans la présence et la dissémination de l'industrie au niveau global n'est plus à sous-estimer. La pauvreté paraît alors remplir une fonction stratégique de premier ordre, pour l'investissement au niveau mondial.

On ne s'est pas suffisamment attardé sur les statistiques et plus exactement sur les balances commerciales et les balances de paiements. Un coup d'œil plus attentif devrait nécessairement aider à des conclusions analytiques plus prometteuses. Celles censées fournir les matériaux pour des constructions stratégiques plus proches du réalisme environnemental. Parce que l'interaction entre la population et l'environnement est seule à déterminer le développement désiré ; elle permet notamment d'asseoir un rythme du progrès lequel est un besoin sociétal. De sorte que toute forme d'organisation de la pensée s'appuyant sur une expérience externe pour produire des stratégies de développement n'est qu'une forme subtile de la tendance à la domination. Les stratégies de développement émises par l'enseignement sont autant d'armes pour contraindre des populations entières à adhérer au modèle qui se veut dominant, l'occidentalisation.[8]

---

[7] Dzaka, Th., Itinéraires entrepreneuriaux des entrepreneurs chinois, congolais et angolais. Colloque Prague, 2002.

[8] La conscience de la différenciation entre l'industrie et l'occidentalisation est une première forme de la bataille pour un développement endogène. Le fait est que l'industrie est née dans l'environnement occidental, ce qui entraîne une représentation d'intimité entre les deux épiphénomènes. En réalité, c'est par un heureux hasard que celle-ci a pris naissance dans cet environnement.

On ne se développe pas avec la monnaie.[9] À moins de partir sur une conception du développement qui a pour condition la monnaie. Mais elle est rare. Dans toute société, apparaît la nécessité du progrès. La soumission à une autorité en est un exemple. La monnaie n'apparaît qu'autant qu'elle est induite par la nécessité. Elle n'est qu'idée. L'échange la précède ; la production sous toutes ses formes (la cueillette en est une) précède l'échange.

L'idée est le véritable facteur créateur : c'est par elle que « la nature d'une pépite d'or est de retenir sa valeur intrinsèque ».[10] Cette qualité est celle qui lui a valu d'être adulée ; ainsi elle a pris l'ascendant sur tout autre objet pour être le garant de la valeur dans le système monétaire mondial. Mais la production, y compris celle de l'or, est essentiellement le fait de l'idée. C'est ce que l'on convient de désigner par innovation.

L'investissement est la résultante de l'innovation. La monnaie n'est plus que la poutre porteuse du système monétaire et financier qui se met en place.

La croyance que la monnaie est la condition du progrès, de la croissance et du développement, est induite par l'importance actuelle de la finance au niveau de l'économie mondiale. La finance est actuellement le guide pratique du progrès. Le système financier apparaît dans la société comme l'aiguilleur des capacités financières des personnes physiques ou morales. Il est toutefois vrai qu'il s'agit d'une sorte d'excroissance de la monnaie.

Certes, la finance apparaît si sophistiquée qu'elle a tendance à se faire détacher de son socle. Mais la monnaie, dans sa forme

---

[9] Certes, tout le monde voit le potentiel de développement de l'économie américaine. Mais on voit surtout l'argent, la facilité de crédit et donc le pouvoir sur l'investissement, qui paraît être celui de ses habitants. Le fait est que les grosses fortunes actuelles dans ce pays se sont construites autour des idées très ambitieuses de leurs auteurs, et le crédit n'était là qu'en appui.

[10] Anna, la voix des madeleines. Ariane 2014, p. 426

courante d'argent, est ce soleil dont la nature est d'émettre de la lumière, contre les opportunités climatiques. C'est la monnaie-argent, instrument/vecteur d'échange, qui crée la finance dans un système d'autoreproduction.

Il a germé dans l'esprit de hauts cadres africains, fonctionnaires et autres dans le secteur privé de la finance, que la faiblesse des politiques de développement résidait en partie dans l'absence d'un système financier viable. Aussi, les experts dans les banques centrales ont impulsé le projet d'émergence des bourses régionales. Pour ces experts, le lent et difficile amorçage du développement était dû au manque de visibilité des économies nationales depuis l'extérieur. Parce que la faiblesse des ressources financières nationales pouvait être corrigée par les excédents financiers de l'économie mondiale. Le cercle vicieux qui paralysait ces économies ne pouvait plus être une fatalité.

Voilà comment la monnaie apparaît dans toute sa magnificence. Et voilà pourquoi elle devient le champ d'une bataille sur le terrain politique pour jouir de toutes ces facultés pour amorcer l'autonomie pour le progrès. Alors de quoi s'agit-il ?

La finance est née de la dette. Cette affirmation que l'on trouvera dans la politique de défense de la finance est plutôt porteuse d'inquiétude. Parce que la dette est une obligation, ce qui ne reflète pas vraiment la situation. La finance naît avec le développement du commerce. Ce terme qui a pris un essor tout particulier au vingtième siècle surtout, est déjà une réalité suffisamment décisive dans la marche des affaires pour qu'il ait donné lieu à un intérêt particulier que le courant de pensée physiocratique manifeste dans le lancement du « Journal de l'agriculture, du commerce et des finances » en 1764.

« Les problèmes économiques prennent de l'importance parce qu'avec la découverte de l'Amérique et l'ouverture progressive du Monde, apparaissent pour la première fois des possibilités de dilatation de la richesse et de nouvelles manières d'acquérir cette richesse, sur une échelle jusque-là inconnue, par le commerce, par la guerre, par la colonisation, par la traite. »[11] Les individus s'enrichissent par diverses sources et cette richesse sous forme de monnaie engendre de nécessité, son exploitation. La mise à disposition pour les esprits très pratiques, qui manifestent le besoin de financement, laisse émerger un système de prêt à intérêt, instaurant un circuit économique particulier dominé par la monnaie de crédit. Voilà comment se développe la finance et comment elle se rapproche de l'endettement. Aussi, user d'un raccourci comme la meilleure description d'un phénomène, est une forme non voilée aux fins d'introduire la discrimination dans le savoir. La dette, quant à elle, est une recherche de mutualisation du risque. La mutualisation du risque émerge de l'évolution de la société dans la recherche de la sécurité. Ainsi, la finance a scellé la cohésion sociale, renforçant le groupe humain.

L'idée même de la finance s'affranchit de la méfiance des uns envers les autres. La force attractive du groupe pousse les membres vers le centre. Mais ceci n'est pas un trait social commun. Il y a des sociétés dans lesquelles la méfiance est considérée comme porte-bonheur. Ces sociétés n'ont pas vu émerger la mutualisation. Elles ne pouvaient pas aller vers l'émergence de la finance.[12]

---

[11] Barel Y., l'autonomie sociale, 1983. Ministère de l'Aménagement et de l'Habitat. Mission d'études

[12] Jusqu'à nos jours, dans de nombreux pays d'Afrique centrale, l'idée de former des associations pour lancer des affaires économiques ou financières est tout bonnement non crédible. Ces sociétés humaines sont traversées par la méfiance de l'autre, ce qui les expose à la notion très particulière de l'individu et les a tenues très éloignées de l'individualisme méthodologique, le moteur du progrès.

Chapitre I

Structure économique et Monnaie.

A–Le Franc CFA et l'intégration économique.

1 - Comme une plaidoirie

Les questions économiques sont à la société ; aussi n'est-il pas surprenant de suivre les évolutions économiques, en partie, en dehors des circuits habituels agréés que sont les cercles de réflexion économiques où se retrouvent essentiellement les économistes. Les médias sont aussi ces canaux par lesquels les faits économiques sont rapportés au grand public. Ils ont, à propos, à bien des égards, du pouvoir, de l'influence, sur les individus que les économistes conçoivent comme des unités de consommation. Rien d'étonnant que, parfois, un journal télévisé, à l'heure de grande écoute, aborde la question monétaire en des termes très évocateurs d'une réalité que souvent, eux-mêmes journalistes, ne mesurent pas la teneur. Comme ce journaliste en symbiose totale avec le gouvernement, avance l'idée de renoncement à la monnaie en cours, le franc CFA, au bénéfice d'un changement de cap monétaire qui se tournerait vers le yuan.

L'improbabilité d'un tel retournement résidait dans l'absence d'un constat scientifique établi sur les faits statistiques, les seuls à apporter le réconfort attendu d'un tel revirement. L'économie - même politique – s'enchaîne à des outils considérablement scientifiques, qui lui apportent la capacité d'un argumentaire consistant justement devant la pression politique. Si le constat était établi, la pression sur le démantèlement du système franc CFA devenait plus compréhensible. Par faute d'une prise de conscience d'un tel processus, l'émotion tombait, et le démantèlement était oublié. Le franc CFA a continué à harceler, malgré tout, les comptes nationaux, le budget des ménages, l'intermédiation financière impliquant les entreprises entre elles, et les ménages entre eux.

Le soutien à l'engagement dans ce processus s'impose tant qu'il se nourrit d'analyses concrètes, économiques surtout, monétaires subsidiairement, sur la détermination des structures économiques nationales dans la zone Franc par ce fait monétaire. Le constat est scientifique, c'est-à-dire qu'il se départit des émotions prétendument politiques se justifiant par des faits relevant de la diplomatie. Mais la monnaie est un fait économique qui est bien entendu social, ce qui ne devrait pas l'exposer nullement aux humeurs des États. Social, en ce qu'elle est un élément de maillage entre les individus, renforçant la communauté, modelant la société humaine.

Le choix de ce constat s'est fixé sur l'intégration économique des économies nationales. Regroupées au sein de cette zone du franc, l'intégration pouvait être vue comme allant de soi. Ceci n'est que leurre. Car, la zone Franc est essentiellement une zone d'exclusion monétaire du franc – monnaie de France –, qui s'arroge le droit de soumettre les possibilités de relations économiques avec les pays membres, à son accord.

La monnaie franc CFA est nécessairement un atout pour la croissance économique des États qu'elle dessert. Et par-delà les sursauts normatifs d'un positionnement scientifique réfractaire au système de la monnaie CFA, un certain positivisme économique voudrait qu'on se satisfasse après coup de la zone Franc, comme une intégration économique de fait, qu'il ne restait plus qu'à rendre plus dynamique par une harmonisation des politiques économiques de développement.[13]

L'existence de la zone Franc pour les économies nationales africaines est de ce fait un élément appréciable non seulement des relations économiques internationales, mais aussi et surtout de leitmotiv à la naissance du processus d'intégration économique. L'U.D.E.A.C et son enflure la C.E.M.A.C et l'U.E.M.O.A. apparaissent comme des éruptions quasi-naturelles du volcan longtemps en sommeil qu'est la zone Franc.

Cette attitude n'est pas cependant moins excessive que celle qui avait cours il y a encore peu de temps, qui a fait sa fortune sur la naïveté d'une découverte de l'exploitation et du pillage de cet espace économique par quelque puissance industrielle. Ce pillage se déroulait sur le plan réel et sur le plan monétaire. Et alors, pourquoi un tel revirement avec un tel excès ?

Puissions-nous éviter de nous enfermer dans cette attitude excessive en procédant par cette remarque qu'il est aussi opportun de poser le problème de la délicatesse dans l'usage forcené du concept d'intégration. Parce qu'il est un processus économique et donc nécessite quelques mises au point préalables. Mais peut-on aller à l'intégration économique de façon optimale sans scruter d'abord l'horizon plus simple et plus naturel des relations économiques internationales ?[14]

2- Les relations économiques internationales

---

[13] Wago Jean Baptiste N. cite Makhtar Diouf, pour qui l'intégration « est la réunion de plusieurs éléments pour former un ensemble. » Cette définition est explicitée de la manière suivante : « Autrement dit, l'intégration économique se définit comme la coordination de politiques économiques ou l'adoption de politiques économiques communes entre certains pays. » In *L'Afrique face à son destin*. L'Harmattan. 1997. 206 pages ; p. 92.

[14] Voir Bertin G. et Raynauld A. : L'intégration économique en Europe et en Amérique du Nord. Clément-Juglar 1972. 414 pages, pp. 53-113
Békolo Ebé : Intégration économique en Afrique centrale. L'Harmattan 1999.

Dès lors que le handicap monétaire n'existait plus, les pays africains membres de la zone Franc n'avaient plus à résoudre que le problème essentiel de l'optimisation de cette situation. On pose d'abord l'équation du cercle vicieux : faible population totale et faible niveau de salariat, faible revenu et donc étroitesse des marchés nationaux, handicapant l'éclosion de l'offre nationale. D'où, la modernisation des économies dans un environnement concurrentiel ne permettait pas des perspectives encourageantes.

Le premier problème économique à résoudre pour ces pays était donc de savoir comment générer la croissance pour les économies nationales dans un environnement favorisé par l'existence d'une monnaie unique ? Par une politique industrielle harmonisée. C'est cela qui était réalisé avec la création de l'Union douanière et économique de l'Afrique centrale (U.D.E.A.C.). Cette harmonisation prenait en compte les avantages comparatifs d'abord naturels, puis, pour éviter un déséquilibre au niveau de l'industrialisation au sein de la zone, les coûts comparatifs agrégés. L'harmonisation des fiscalités répondait à cette préoccupation de favoriser l'industrialisation régionale. Ainsi, pouvait éclore un grand marché régional avec pour conséquence attendue l'intensification des investissements dans le secteur productif et l'apparition des entreprises conformes aux marchés nationaux.

a) Premier instrument : La fiscalité

L'importance de la fiscalité dans les relations économiques entre nations se proportionne à l'idée qu'on se fait de la richesse, de la production et de la satisfaction des besoins. Ainsi, en laissant passer avec le moins de contraintes fiscales aux frontières nationales, comme à l'intérieur au niveau de la consommation, on satisfait autant sur le plan de la satisfaction des besoins que de l'élévation des richesses des nations.

L'harmonisation des fiscalités revient à réduire les tensions dans la production en introduisant la concurrence, comme unique élément discriminatoire dans les échanges. Cette idée anime les principes économiques des auteurs jusqu'à la deuxième moitié du XIXe siècle. Say, explicitant sa loi des débouchés, répondant à une interrogation sur les rapports avec l'étranger, dit : « Non, mais le commerce que nous faisons avec l'étranger étend nos productions et notre consommation. Si nous n'avions pas en France de commerce au-dehors, nous ne produirions pas de sucre et nous n'en consommerions pas ; mais par le moyen du commerce avec l'étranger, nous pouvons produire et consommer une immense quantité de sucre ; car en produisant des étoffes que nous échangeons contre cette denrée d'un autre climat, nous produisons notre sucre en étoffes. »[15] Dans la lancée, il soutient que la production des biens au niveau national a besoin que les autres économies nationales puissent avoir des industries aussi performantes.

Par le fait des nations, les penseurs de l'économie politique conçoivent tout naturellement les échanges par-delà les frontières politiques comme inhérents au développement des échanges. Sowell Thomas dit de Sismondi « qu'il considérait que le gouvernement était lui-même la principale source des déséquilibres économiques, et que ses interventions n'étaient justifiées que par la nécessité dans laquelle il pouvait se trouver de remédier aux dégâts qu'il avait causés. Sismondi ne reconnaissait même et très précisément qu'une seule circonstance susceptible de justifier ces interventions : l'existence d'une différence croissante entre les coûts sociaux et les coûts privés. Il préférait, dans l'ensemble, voir le gouvernement agir en faveur du progrès économique d'une manière indirecte par la création d'un climat institutionnel favorable, plutôt que d'une manière directe. »[16] Walras A. considère qu'il n'est point de richesse qu'elle ne puisse tendre à la satisfaction des besoins d'un nombre de plus en plus croissant d'hommes par le biais d'une géographie de la répartition qui épouse l'univers. Dans ce

---

[15] Say, Jean-Baptiste, Cours d'économie politique, et autres essais, Paris Flammarion, 1996, p. 352

[16] Sowell, Thomas, La loi de Say, Paris Litec, 1991, p. 46

contexte définitionnel, les relations économiques entre nations sont aussi naturelles, puisqu'elles sont induites par la relation causale valeur-rareté. Mais, « l'étude de la richesse a déjà produit un grand nombre d'opinions fausses ou hasardées ; (...) D'autres ont bien senti que l'utilité ne suffisait pas pour produire la valeur ; ils ont vaguement entrevu que la valeur avait sa source dans la limitation ou dans la rareté, et que par conséquent ce qui faisait la richesse de l'un, faisait la pauvreté de beaucoup d'autres ; mais par une triste compensation de leur première idée, ils se sont hâtés de conclure que le bonheur d'un peuple ou d'un individu était incompatible avec le bonheur de tous les autres peuples ou de tous les autres individus, et que personne ne pouvait s'enrichir qu'en appauvrissant d'autant ses semblables. Cette doctrine nous a valu le système exclusif, système dont les applications pratiques ont plongé l'Europe pendant plusieurs siècles dans une série de guerres désastreuses, et accablé son industrie sous une multitude de règlements et de prohibitions qui en ont considérablement retardé les progrès, mais qui, malgré leurs fâcheux résultats, n'en ont pas moins eu l'heureux inconvénient d'être jusqu'à un certain point inutiles, et à travers lesquels toutes les nations de l'Europe n'ont jamais cessé de marcher ensemble vers la richesse et vers la perfection. »[17]

Le marché entre les individus n'est pas au fond différent du marché entre les entreprises, les individus, au sein d'une nation, entre les nations. Aussi, le système exclusif est absurde en ce qu'il ne sait pas percevoir qu'en appauvrissant son voisin, on se condamne soi-même, par l'ignorance qu'on a des avantages du commerce, « ou, pour mieux dire, de l'échange dans lequel tout commerce se résout en définitive. »[18] Ce principe positiviste sera plus tard reformulé par Von Mises : « En tout temps et en tout endroit, dans une société où existe la propriété privée des moyens de production, les gens ne produisent pas seulement

---

[17] Walras, Auguste, Richesse, Liberté et Société. Economica, 1990 ; p. 107.
[18] Ibidem, p.109

pour couvrir leurs besoins propres, mais consomment aussi des biens produits par d'autres gens. »[19] D'où, en économie, la liberté apparaît comme l'une des clés de la richesse. La liberté de créer, de produire, implique la concurrence qui, parce qu'elle tient de la liberté, suffit à garantir l'accroissement des richesses au niveau des individus et au niveau des nations.

Les produits s'échangent contre les produits et les pays qui n'ont pas de produits à donner en échange ne peuvent pas tirer un quelconque profit de la situation d'une fiscalité commune, harmonisée. Une telle logique a pour effet de favoriser le redéploiement industriel, en permettant l'émergence des structures de production spatialement localisées et déployées. C'est ce que D. Ricardo avait compris très tôt et qui allait faire de lui le fondateur des principes de l'intégration économique. Il imagina un système économique où l'intérêt des individus des différentes nations passait par le redéploiement industriel contre une certaine tendance qui aurait voulu que chaque nation, à l'instar des individus, ne freine pas les facultés industrielles ou manufacturières qui étaient les siennes, même si cela devait favoriser le déséquilibre économique entre nations. Mais le déséquilibre avait pour effet de limiter les échanges aux frontières des nations du fait des faibles revenus dans les nations peu avancées. Le principe cardinal des coûts ou avantages comparatifs est ainsi, d'un autre côté, l'affirmation de la nécessité de l'extension du marché national au-dehors des frontières nationales. Ce que les pays colonisateurs n'avaient pas toujours eu à l'esprit.

Les pères fondateurs de l'Union Douanière des États de l'Afrique centrale avaient agi sous l'autorité agissante de la monnaie unique, le franc CFA. Cette monnaie leur donnait l'impression que l'histoire économique commune avait réalisé la jonction de leur système productif respectif (cf Afrique 1960) ; que la poursuite du progrès économique exigeait une harmoni-

---

[19] Von Mises (1985) L'action humaine. Traité d'économie. Paris, PUF, p. 685

sation des tarifications douanières. Cette harmonisation devait prendre appui sur les avantages que procuraient les conditions de production des biens utiles dans l'Union (géographie des matières premières, potentialité agricole, potentialité énergétique, etc.), mais aussi des coûts comparatifs : la présence d'une matière première donnée ne procure pas nécessairement l'avantage à la production des inputs industriels ; faut-il encore que d'autres conditions (voies de communication, main-d'œuvre, etc.) soient facilement réalisables. Enfin, l'harmonisation fiscale poursuivait l'objectif d'un déploiement industriel au sein de l'Union, tel que chacun de ses membres, devait — même dans le cas où celui-ci rassemblerait les deux conditions suscitées, ou encore n'en présenterait aucune — pouvoir attirer sur son sol l'investissement correspondant. L'objectif supérieur était en effet la constitution du marché, par une distribution des revenus plus équitable.

L'harmonisation était conçue à la proportionnelle en tenant compte de la représentativité.[20] La taxe douanière aux frontières des pays membres se proportionnait à cet objectif. La fixation de la taxe se faisait par une démarche inverse aux avantages comparatifs. Ainsi, un pays membre qui cumulait l'avantage comparatif naturel et l'avantage du coût de production, devait céder une partie de cet avantage à un autre membre qui lui, n'avait qu'un avantage bien relatif sur un même produit, en supportant une taxe supérieure sur ses productions. Le mouvement des capitaux était, lui aussi, soumis aux contraintes de l'harmonisation pour que les pays les plus avantagés n'attirent pas à eux tous les capitaux, ce qui pouvait avoir pour effet le déséquilibre industriel dans l'Union.
Une construction sur le modèle de la théorie des échanges entre pays avec comme point d'ancrage la spécialisation développée au XIXe siècle par D. Ricardo.[21] L'objectif supérieur est la

---

[20] ..., lequel droit conclut à une bonne représentativité en considérant les atouts démographiques des régions au sein d'une nation.
[21] Le principe envisagé par Ricardo a été diversement interprété : dans l'exemple du vin et du drap entre le Portugal et l'Angleterre, s'est révélée une double lecture,

construction des marchés nationaux par le biais du développement du marché unioniste. Il y a des variables déterminantes (V.da) dans le schéma : climat, nature du sol, saisons, minerais, structures économiques existantes ; et des variables déterminées (V.de) : agriculture et industrie agro-alimentaire, industrie, transports et communication, emplois et revenus, etc.

	PAYS A			PAYS B		
	Fisc	V.da	V.de	Fisc	V.da	V.de
Dans U.D.E.A.C						
Fiscalité	+			+		
Agriculture	-	+	+	+	-	-
Agro-alimentaire	-	+	-	+	-	+
Industrie	+	-	+	-	+	-
Transports	-	+	-	+	-	+
Capitaux	+			+		
Hors U.D.E.A.C.						
Fiscalité	+			+		
Transports	-	+	-	+	-	+
Importations	+			+		
Capitaux	+			+		

---

en termes d'avantages et de coûts. Les progrès actuels de la génétique végétale et dans la physiologie du sol poussent à reconsidérer cette perspective ; les terres ne présentent pas les atouts pour une agriculture rentable le sont devenues grâce à l'existence des variétés de cultures nées de la manipulation génétique, ce qui relègue totalement à l'histoire les inquiétudes sur les rendements décroissants.

Le signe (-) indique la pénalité d'équilibre imposée par rapport à l'avantage dont on bénéficie, indiqué par le signe (+). L'harmonisation d'équilibre aboutit à une redistribution séquentielle d'un avantage donné à tous les membres de l'Union. Le raisonnement se fait sur la base d'une économie unioniste ouverte sur l'extérieur.

Dans les faits, les relations économiques entre pays de l'U.D.E.A.C. et par la suite de la C.E.M.A.C. ne pouvaient pas résister à la pression croissante des populations actives nationales non employées. De même que l'importance de la rente sur le marché des matières premières minérales (pétrole, manganèse, fer, etc.) et végétales sur le marché mondial a contribué à nourrir des velléités indépendantistes dans les pays bénéficiaires. Ainsi, la présence d'importants gisements pétroliers a conduit les pays producteurs (Gabon, Congo, etc.) à financer la construction séparée de raffineries, alors qu'une seule raffinerie aurait pu largement satisfaire les besoins en carburant de l'Union. Cette politique du développement séparé, du type « moi d'abord, les préoccupations communautaires, après », dans un contexte juridique et économique bien fixé, devait être handicapée par des unités de raffinage de taille trop petite pour réaliser les économies d'échelle, la clef de la bonne croissance. Les prix du litre de carburant à la pompe s'en ressentaient. L'osmose économique de l'Union n'était pas réalisée, comme le montre le tableau sur la répartition géographique du commerce entre 1965 et 1967 ci-joint en annexe 1...

b – Le Franc dans la colonie.

En quelques endroits où l'on se trouve et quel que soit le besoin de consommation, la monnaie est le moyen le plus sûr de le satisfaire. Sa puissance d'instrument coutumier du commerce n'a de cesse de le faire apparaître comme l'exclusif moyen d'échange. Dans les territoires africains, on assiste encore, parfois, à des pratiques du troc, souvent dictées par des opportunités qui empêchent, à certains endroits, la perte inconsidérée d'un bien, ou encore l'exploitation d'une opportunité inespérée. De façon commune, l'apparent retard de croissance économique est éclipsé par une pratique de la monnaie parfois sans commune mesure avec la physionomie physique environnementale. La monnaie entretient une certaine promiscuité avec l'individu par son usage en termes d'argent. C'est l'argent et non pas la monnaie qui est pratiqué.

« Il n'y a point d'endroits dans l'univers où les monnaies aient plus varié qu'aux Iles du Vent » écrivait en 1847 Dessales, auteur d'une Histoire générale des Antilles. La Guadeloupe, comme les autres îles, a connu des troubles monétaires profonds et persistants ; elle a constitué un riche champ d'expériences et de réformes.[22]

L'économie coloniale africaine a-t-elle pu bénéficier de ces expériences pour aboutir à une réforme qui donnait naissance à une monnaie aboutie ? Tout un siècle de réflexions est passé à côté d'un sujet dont la spontanéité dans la prise de conscience actuelle surprend sans nul doute. Pendant que les réflexions s'organisaient autour des questions d'industrialisation, la mise à l'écart de l'un des facteurs déterminant cette industrialisation, la monnaie, a été comme un coup de maître des penseurs occidentaux qui ont toujours eu en charge d'imprimer l'allure et de tracer le champ de cette réflexion.

L'Afrique Noire découvre les vertus de la monnaie ; elle découvre en dépit de l'abondance de la littérature sur la monnaie, les vertus de celle-ci, surtout lorsqu'elle se pare de la souveraineté qui lui viendrait de la territorialité.

c - Pourquoi la monnaie ?

---

[22] Buffon, A., Monnaie et Crédit en Economie Coloniale, Basse-Terre, 1979, p. 9.

« La conquête du bien-être matériel est la plus sûre garantie que l'humanité puisse avoir de sa liberté morale » [Godin, In la richesse au service des hommes. 1874]

« Tout homme est riche ou pauvre dans la mesure où ses moyens lui permettent de jouir des nécessités, des commodités et des agréments de la vie. » [Adam Smith, Richesse des Nations]

Ce que l'homme poursuit avec la plus grande constance, c'est la liberté de réaliser son bien-être. Dans cette poursuite, ses propres limites apparaissent et le poussent vers la division du travail. De cette dernière apparaît la nécessité de l'échange. Ainsi la société s'organise.

Une part assez significative de la structuration sociale est due à l'échange. La production sociale en devient donc l'étape la plus aboutie dans la recherche de la maximisation des gains ; car le gain est l'expression du mouvement humain qui n'apparaît qu'avec l'échange. Cette étape de l'évolution humaine a ceci de particulier qu'elle assiste à l'émergence d'un besoin nouveau aux caractéristiques d'objet pouvant se substituer aux autres objets.

Dès son apparition comme appariteur dans l'échange, la monnaie marchandise se désolidarise des autres marchandises par sa capacité de référent de la valeur[23]. La civilisation eut donc un besoin réel d'un référent, parce qu'elle avait un besoin réel, peut-être aussi supposé, de la capacité à fixer, ou à déterminer la valeur, tout au moins dans une civilisation donnée.

La théorie de la monnaie n'est pas d'essence spécifiquement scientifique, en ce que sa formulation a épousé les contours de la société dans laquelle elle est produite. Elle est donc une marchandise qui a un coût et un prix, parce qu'elle a su combiner une valeur d'usage et la valeur d'échange. Or le coût tout comme le prix sont des éléments à fort coefficient social. Et

---

[23] Encore que cette spécificité de la monnaie soit disputée par d'autres objets dans la pratique sociale, comme on le soulignera plus loin.

ce n'est pas le fait que le pouvoir qui domine la société humaine, par ce fait, a imposé un statut spécial à la monnaie, que celle-ci se serait affranchie de cette vérité : la monnaie a une valeur d'usage parce qu'elle facilite l'échange.

La scientificité apparente de cette théorie lui vient de cette succession d'énigmes qui lui donne un caractère spécifique. L'histoire de la monnaie dans l'espace civilisationnel romain dans lequel les pays de l'Europe se trouvent bien engoncés est bien descriptive des différents moments de cette ascension monétaire. L'effigie de César sur la pièce de monnaie est l'élément qui en garantit la valeur et non pas seulement l'authenticité. La monnaie est directement d'or ou d'argent. Ces deux métaux dits précieux, c'est-à-dire rares, ne sont pas encore ce socle sur lequel va reposer l'espoir de la garantie de la stabilité de la valeur, comme ce sera le cas plus tard au XXe siècle. Les banques centrales ont une quantité impressionnante d'or[24] sans laquelle l'espoir d'une monnaie propre est en vain.

Dans cette période, paradoxalement, il ne se pose pas la question de la quantité d'or : la monnaie pièce d'or circule dans un climat de liesse générale. Sa valeur s'impose d'elle-même, en ce sens que le niveau de la production des biens n'exerce aucune influence sur sa cotation.

Cette affirmation prend d'énormes risques dans sa prétention historique. Elle est cependant apte à exploiter les vides de l'histoire sur tout mouvement social d'envergure signalé pour l'époque, qui aurait eu pour cause l'insuffisance de la production nationale, l'augmentation des importations ou l'excès de création de la richesse nationale sur la quantité de monnaie [soit, Inflation, Balance commerciale, PNB]. Dans cette période, c'est plutôt la disponibilité des biens qui était la cause des sauts d'humeur. Les pouvoirs publics romains n'eurent aucune crainte

---

[24] Même s'il est permis de se poser la question sur la capacité d'ajustement de ce stock d'or à la demande de monnaie dans un environnement en progrès continu, changeant à un rythme bien plus impressionnant que celui de la production de l'or.

ou appréhension des murmures dans la société du fait d'une raréfaction de la monnaie due à la rareté du minerai. La disponibilité était vécue comme telle, concrète, et non de manière transitive, par le poids d'or en constante évolution corollaire de la variation de cette disponibilité.[25]

Quand un individu devait enquérir le silence d'un autre, ou encore le service pour un objectif poursuivi (l'assassinat, la destruction des biens, etc., d'une personne considérée comme potentiellement nuisible pour son bien-être propre ou collectif), le prix était dans la main qui soupesait le porte-monnaie en cuir. C'est ainsi qu'a pris forme tout le système de corruption de l'esprit, le point de départ des dispositions psychologiques qui devaient favoriser l'émergence du pouvoir de rétorsion : là se trouve la clé de la monnaie souveraine, par la violence du suzerain.

L'ambivalence dans la fonction de l'or est la meilleure expression de ses appréciations contradictoires. En réalité, c'est parce que son besoin est indéterminé dans sa nature que son choix en tant que réserve de valeur serait très hasardeux n'eut été le pouvoir de coercition qui l'entoure.

Les chercheurs d'or ne voient pas dans l'or la richesse. C'est la projection de la conversion de l'or en billets de banque qui les fait courir tant de risques. Ce qui est recherché, c'est ce qui donne la possibilité d'avoir de l'argent. La recherche d'une source de revenu ne se colle pas à la nature de cette source : il s'agit tout simplement de l'exploration des opportunités qu'offre l'environnement.

Il en est tout autant de l'exploitation des ressources du sol et du sous-sol. C'est la monnaie argent, celle qui se traduit en revenu et qui procure un pouvoir d'achat qui est recherchée.

---

[25] Jusqu'à nos jours, un billet de cinq (5) euros, par exemple, reste et demeure ce billet de 5 euros, avec la valeur inscrite sur le billet. Qu'il perde de la valeur ou qu'il en gagne, c'est l'action humaine qui nous le révèle au travers de l'échange : c'est le produit de l'échange dans sa configuration qui se modifie et non le billet de banque. C'est là que réside l'entourloupe monétaire.

Dans cette optique, l'individu cherche à exploiter l'opportunité du revenu qui lui paraît la plus accessible. Le chercheur d'or, de diamant, de terres rares, l'exploitant forestier, le chasseur, le pêcheur, le parieur boursier et de jeux de hasard, sont tous animés par la même rationalité.

L'universalité de cette fonction de réserve de valeur n'est pas un fait reconnu. Des peuples vivant dans des royaumes plus ou moins importants, bien que connaissant l'or et le pratiquant, n'ont jamais fait le saut mental de l'ériger au sommet du système de l'échange. Se parer d'or est une pratique connue dans de nombreuses sociétés humaines. C'est cette réalité qui fait de ce métal un objet recherché pour cette fonction. À ce niveau, se trouve l'explication de la difficile connexion de ces sociétés à la conception du lien entre ce métal et la fonction socioéconomique de réserve de valeur. Où se situe fondamentalement le lien entre le métal « or » et l'étalon de la valeur que certaines sociétés humaines occidentales ont accepté comme tel ?

La valeur ayant pour fondement la rareté et l'utilité[26], le choix du métal « or » comme la meilleure représentation de la valeur vient de sa disponibilité relative et de sa stabilité structurelle, de sa qualité de métal malléable, ce qui constitue son atout véritable dans son choix. L'or est rare, mais suffisamment abondant ; il est inaltérable, une qualité qui renforce son caractère rare.

L'inaltérabilité de ce métal est l'une des meilleures réponses à la quête de la stabilité du référent dans l'échange. Car l'homme est sans cesse tiraillé entre sa tendance à la révolution qu'impose le progrès sociotechnique et sa tendance à la poursuite de la stabilité. Que celle-ci soit trouvée dans le métal

---

[26] « Le travail a été le premier prix, la monnaie d'achat originelle avec laquelle on a payé toute chose. Ce n'est pas avec de l'or ou avec de l'argent mais avec du travail que toutes les richesses du monde ont, à l'origine, été acquises ; » Smith, Richesse des Nations, p. 37

or n'est que le résultat de toute une construction expérimentale humaine.

Quand on a compris cela, la question d'une monnaie nationale souveraine saute aux yeux. Elle indique la direction dans laquelle doit se diriger le regard, celle qui renseigne sur le processus de formation du référent de la valeur. C'est à l'histoire de l'apparition de la monnaie comme ce référent de la valeur et sa faculté de transformation en revenu, c'est-à-dire en pouvoir sur la capacité à s'intégrer dans l'échange avec une facilité certaine, que l'on doit se tourner. En cela, le comportement monétaire diffusé par les manuels de monnaie n'est d'aucun réalisme pour les économies nationales qui ne jouissent pas encore de la souveraineté monétaire, si ce n'est par transition.

Mais la disponibilité de l'or est limitée. Ceci entraîne que sa synchronisation avec le développement des échanges tendrait vers un blocage. C'est donc à ce niveau que s'opère la véritable transformation sociale, celle qui fait apparaître la notion de transfert de valeur entre l'or et une autre matière non métallique – comme ce fut entre l'argent, l'étain, le bronze et l'or – le papier-monnaie. Toute une révolution mentale qui allait conduire la société à se libérer des vieux schémas qui semblaient la clouer au pied des métaux comme les seuls capables de remplir cette fonction de référent de la valeur. Vu le poids de cette matière, en comparaison au poids des métaux connus et pratiqués dans la fonction de référent, comment pouvait-on fixer sa valeur ?

Dans les faits, le papier n'a pas été moins rare que l'or ; de même qu'il a toujours été aussi malléable que ce dernier. Le papier n'existe pas à l'état naturel ; il est produit et donc contient plus de technicité que l'or. En garder le secret de fabrication était le meilleur gage de sa faculté de se substituer aux référents classiques de la valeur, les métaux.

Plus de vingt siècles avant notre ère, la découverte de la soie, comme matière aux capacités énormes, propulse celle-ci au rang de monnaie. Pour garantir sa valeur, l'histoire raconte que les empereurs chinois prenaient des mesures fermes contre sa production et punissaient jusqu'à la peine de mort tout contrevenant à cet édit[27]. Le secret est la clé qui a permis au métal de transférer son aura au papier. Il s'agit d'établir la technicité qui est dans l'établissement de l'équivalence entre la valeur nominale ou faciale représentée par le billet de banque et la quantité de métal en termes de poids qui lui attribue cette valeur. En fait de technicité, il convient mieux d'évoquer le poids du pouvoir de coercition qui accompagne ce transfert.

L'invention du papier-monnaie est attribuée à la Chine. Ce sont les marchands qui instaurent un système de transfert de valeur par le papier – une lettre de change – pour éviter les dysfonctionnements dans leurs activités marchandes. L'État va l'adopter pour régler ses dépenses de guerre par exemple. Après 1260, l'usage du papier-monnaie prend de l'essor, grâce à la fiscalité. « Le papier-monnaie s'appelle zhongtong chao et il est totalement convertible en argent auprès de bureaux de change du gouvernement. Ce moyen de paiement devient une vraie monnaie avec un rôle international en Asie, car elle est même acceptée à l'extérieur des frontières chinoises. »

Émerveillé, Marco Polo en fait une description pleine d'enthousiasme : « C'est dans la ville de Khanbalik que le Grand Khan possède sa monnaie... En effet, on y fabrique du papier-monnaie à partir de l'aubier du mûrier, l'arbre dont les feuilles nourrissent le ver à soie. L'aubier, entre l'écorce et le cœur, est extrait, broyé, puis mélangé à de la colle et comprimé en feuilles semblables à des feuilles de papier coton, mais complètement noires... Le haut fonctionnaire marque de son sceau rouge les papiers qui acquièrent une valeur légale et les faussaires sont punis de la peine capitale[28]. Le Khan peut ainsi imprimer, avec

---

[27] Giraudo, A., Quand le fer coûtait plus cher que l'or, Fayard, 2015, p. 69.

[28] L'activité de faussaire peut aussi être interprétée comme une forme de contestation du pouvoir du monarque dès l'instant où il a pris la liberté d'imposer une idée sans consensus à la société.

un coût marginal, des billets qui représentent le plus grand trésor du monde. »[29]

Ce constat de cet explorateur (qui formule déjà l'idée du coût marginal), donne la mesure de la réalité de la monnaie, une convention qui repose sur la violence du souverain qui force la confiance du public, comme on le trouvera si bien rendu par A. Smith : « En effet dans tous les pays du monde, je crois, l'avarice et l'injustice des princes et des États souverains, abusant de la confiance de leurs sujets, ont par degré diminué la véritable quantité de métal qui avait été à l'origine contenue dans leurs pièces. L'as romain, pendant la dernière période de la République, fut réduit à la vingt-quatrième partie de sa valeur d'origine et, au lieu de peser une livre, en est venu à peser seulement une demi-once. [...] C'est de cette façon que la monnaie est devenue dans toutes les nations civilisées l'instrument universel du commerce, par l'intervention duquel les biens de toutes sortes sont achetés et vendus, c'est-à-dire échangés les uns contre les autres. »[30]

B- Critique de la critique du Franc CFA

1- Une actualité dépassée.

Les revendications actuelles portant sur la souveraineté de la monnaie sont essentiellement motivées par le constat de la stagnation économique de l'Afrique subsaharienne. De ce fait, elles se posent en évaluateur de la monnaie en cours, le franc CFA, contre l'exhibitionnisme des indicateurs de croissance qui n'ont jamais cessé d'être exceptionnellement élevés. Ce décalage entre ces taux de croissance affichés et la persistance du fossé avec les indices sociaux de développement nourrit l'idée que le mécanisme de blocage du progrès est indubitablement monétaire. Ainsi, la campagne d'information et de

---

[29] Ibid, p. 91
[30] A. Smith, Richesse des Nations, Economica 2000, p. 33 – 34.

formation de l'opinion publique à la théorie monétaire est devenue plus que présente sur l'échiquier politique. Une manière de refonder une théorie du développement jusque-là admise, en dépit de ses vides conceptuels et de ses a priori théoriques.

C'est ainsi que la monnaie de la communauté française d'Afrique, le franc CFA, a été exposée à la vindicte populaire. D'anciens hommes politiques, d'éminents professeurs, ainsi que des aventuriers de la discipline économique, ont envahi la scène pour jouer une pièce censée entretenir l'éveil de la conscience collective africaine. Des professeurs, des hommes politiques et d'anciennes personnalités des hautes instances de l'État, un peu partout en Afrique noire, eurent sillonné les continents pour montrer à l'Afrique noire les centres de souveraineté nationale que sont les banques centrales, en ce sens que la souveraineté politique n'a d'assise solide que par la souveraineté sur la monnaie.

L'éclairage n'en fut pas plus fort, ni même plus instructif pour autant, car les Africains et Africaines en Afrique noire ont déjà vu sur leur territoire des banques centrales, et en connaissent la fonction, dans son aspect simple de centrale émettrice des signes monétaires en usage sur le territoire. La compréhension du message du Professeur, Président de l'Assemblée nationale, en devenait tout autant inaudible. Les imposants édifices qui les abritent sont suffisamment éloquents sur l'objet de leur apparence.

Où est le problème ? Qu'est-ce qui peut différencier une banque centrale européenne, chinoise, japonaise, américaine de leur banque centrale ?

La question était la bonne question. Et y apporter une réponse claire était la chose la plus positive pour l'information et la formation :
- La banque centrale américaine, japonaise, chinoise, européenne, est la seule juge de l'opportunité d'émettre de la

monnaie pour son espace économique, avec toutefois l'accord tacite des autorités politiques du pays. Celle-ci est épaulée dans cette optique par la présence de l'hôtel des monnaies, celui qui a pouvoir de « battre monnaie » ; une présence qui assure le contrôle sur l'émission monétaire et est une garantie contre la tentation d'abus du pouvoir politique.

- La banque centrale africaine ne paraît pas avoir ces compétences-là[31]. Ou pour être plus proche de la réalité, les deux banques centrales des quatorze pays de la zone Franc ne sont que des établissements de collecte de données au service d'une juridiction extraterritoriale avec un centre de décision situé dans une économie nationale tutrice. Et dans ces conditions, on soupçonne aussi aisément la volonté de contrôle de cette économie nationale au sein de laquelle se trouve l'institution de fabrication de cette monnaie. Est-ce là le véritable problème qui devrait tarauder les esprits ? Est-ce que cette situation est la véritable cause de la stagnation économique ?

Cette campagne de conscientisation ouverte trouvait quelques pôles de résistance que l'on soupçonnait d'une politisation à des fins de statu quo. L'opposition se voulut prudente, sans aucun doute s'appuyant sur une prétendue immaturité devant la chose publique et le danger d'une dérive dans la gestion d'une monnaie nationale. Elle pouvait ainsi suggérer cette réflexion-ci : le problème qui est le nôtre en fustigeant cette monnaie africaine actuelle est celui de savoir s'il y a crise des débouchés et quelles en sont les parties en action ? et qu'en est-il du système productif si l'on conçoit la monnaie comme un instrument de politique monétaire dont l'objectif est de permettre un alignement de la masse monétaire sur la production et la consommation ?

Ce sujet, très passionnant, pouvait s'avérer être un véritable danger pour l'intelligence et la capacité de tenir un raison-

---

[31] Ceci n'est pas aussi facilement de l'avis des gouverneurs de ces deux banques centrales. Avis entaché de soupçon de défense de leur position sociale.

nement en toute liberté, tant il caressait de jouer sur la passion qui est en chacun de nous. Parce que c'est à la faveur d'une crise de production (ou de surproduction) que l'instrument politique monétaire montre une certaine fébrilité/utilité. Et donc, indication nous est donnée, avant de prendre cette barque de la contestation tous azimuts, de circonscrire le problème, de se référer à l'humeur sociale, de scruter l'horizon de la production collective et de son débouché.

« L'économie est une matière technique et difficile », selon l'un de ses grands architectes, J. M. Keynes. Voici comment : l'agriculteur a pressenti le besoin de son voisin l'éleveur de sa production de fourrage. Lui-même sent le besoin de la viande de l'éleveur. Chacun des deux a compris l'avantage à se cantonner dans sa spécialité pour plus de rentabilité. Alors entre les deux vont s'intercaler le boulanger et le boucher pour un meilleur service assurant le plus de gain. En fait, le fourrage est le rejet de l'agriculture ; mais l'élevage rejette aussi la peau de l'animal. Celui-ci va trouver son débouché dans la production de la chaussure. Ainsi, on sort du cas d'école de Robinson Crusoé pour la réalité autrement élaborée d'une structure économique. C'est au tissage de ces multiples combinaisons que l'économie s'est retrouvée, malgré elle, projetée dans le champ de la science. Ainsi, vers la fin du XIXe siècle déjà, elle était même en train de devenir une science. L'est-elle devenue ? Oui, si l'on tient compte de l'aide apportée par la formalisation, la modélisation, pour comprendre et tenter d'anticiper les actions futures. Mais cela, c'est une autre paire de manches. Parce que cette scientificité demande encore à être prouvée. Et dans le cas d'espèce, cette preuve se place plutôt du côté opposé ; du côté où la politisation de la monnaie est l'aspect le plus visible du système d'économie nationale de tant de territoires africains.

Le titre de ce texte est ainsi conçu pour refléter une réalité sociologique. La monnaie banque centrale n'est pas dans les préoccupations du grand public. Seul l'argent encombre ses rêves d'une vie comblée. On aura bien du mal à faire accepter le symbolisme de la valeur de la monnaie focalisée dans une quantité d'or pur fin, laquelle n'a pu avoir cette fonction qu'après avoir été évaluée par le mécanisme du prix. Voilà comment une chose qui paraissait simple est, en fait, le résultat d'une procédure technique assez sophistiquée, ayant un sous-bassement théorique dans des dispositions psychologiques.

La monnaie est une construction sociale. C'est un produit qui peut aussi bien s'aligner sur la courbe de vie de tout produit à utilité sociale. Elle naît et est programmée pour assurer une fonction qui se dégrade au fur et à mesure que le temps passe. Elle engendre tout un système qui, prenant allure particulière, devient le système d'économie monétaire. Un système si spécifique qu'il éclipse la nature de la monnaie dans sa fonction essentielle, ce qui a pu induire le comportement de rétractation dans le système économique national des pays des zones monétaires BEAC et UEMOA. Le dollar, par exemple, est cette monnaie dont le système d'économie monétaire lui a permis d'émettre des lois qui lui ont permis de s'affranchir des règles courantes. L'économie monétaire présente les caractéristiques similaires à celles d'une civilisation avec son mode d'être. Mais une monnaie est une création humaine dont il est aisé de visualiser le processus de monétarisation des sociétés humaines.

La problématique de la souveraineté monétaire en économie nationale n'a d'intérêt qu'autant qu'elle suscite quelques appréhensions. Parce que le système de transmission des savoirs en la matière a marqué du sceau scientifique la méthodologie et le type de savoir. Il arrive assez souvent qu'en deçà de l'utile, se trouve l'injonction contenue dans ce type de savoir : Les expressions comme la souveraineté de la monnaie et la monnaie souveraine s'emboîtent si bien qu'elles s'autorisent un mélimélo qui les pousse à devenir synonymes. Prise autrement, cette autre expression souvent usitée de souveraineté monétaire, est celle qui est la plus présente sur l'échiquier monétaire.

Ces expressions se sont affranchies très aisément des contraintes définitionnelles grâce à la modélisation quasi mathématique qui jalonne la formation des spécialistes de l'analyse économique. Sous la détermination de cette modélisation, les questions de définition vont de soi, en ce sens que définir, bien spécifier les choses, ne paraît plus qu'une préoccupation d'étudiant qui paraît s'égarer dans l'animation de l'amphithéâtre. Mais sont-elles si synonymes ?

- La monnaie souveraine n'est pas une forme pléonastique de la souveraineté monétaire. La première formule est une balade à travers les échanges, que l'imaginaire collectif entend aujourd'hui comme étant (à) l'essence même de l'échange. La monnaie s'est affranchie de toute contrainte pour s'imposer comme la contrainte de tout souhait.

- La souveraineté monétaire est rattachée d'office à la souveraineté nationale. C'est une forme de territorialisation de la contrainte de l'échange. Le souverain politique s'impose sur son territoire par le contrôle des échanges, de toutes les transactions entre les individus par l'émission d'un ordre qui devient le contrat social, qui unifie le territoire, renforce le pouvoir et la capacité de contrôle.

- La souveraineté de la monnaie est une erreur de langage. À la limite, elle se rattache à la monnaie souveraine ; elle ne saurait être comprise au sens de la maîtrise de son territoire. Dans l'esprit des individus, cette souveraineté de la monnaie est une réalité : la monnaie dans son aspect de réserve de valeur est ce qui est désiré en soi ; c'est elle qui est l'objet d'un culte qui détient les clés du futur ; un futur envisagé sans le travail, mais avec l'assurance d'une capacité à poursuivre le train de ses désirs. La souveraineté de la monnaie est en cela la clé de la compréhension du sous-développement.

Ainsi, préciser le préalable, la question de la critique à l'encontre du Franc de la Communauté Française d'Afrique apparaît naturellement sans objet. Ou, les critiques à son encontre devraient être formulées en direction de la souveraineté des États qui semblent avoir trouvé leur quiétude dans ce mouvement de renoncement à une partie de leur souveraineté. Voici comment :

2 - Une histoire de la monnaie

En s'approchant de Nicolas ORESME, théoricien de la monnaie : La monnaie n'est pas le bien du prince, mais celui du peuple. Pour une théorie, elle pouvait apparaître très révolutionnaire. Mais elle ne l'était pas si l'on s'en tient à l'analyse économique. L'évêque du XIVe siècle a une bonne longueur d'avance sur les prétentions des économistes africains du XXIe siècle. Pour lui, il est certain « que le cours et le prix des monnaies doivent être au royaume comme une loi et une ferme ordonnance, qui nullement ne se doit ni muer ni changer ». C'est ainsi qu'est apparu la monnaie de référence mondiale.

- De la naissance et de la vie de la monnaie américaine, le dollar : Avant la Guerre d'Indépendance, les colonies américaines utilisaient des monnaies très diverses : dollar espagnol, louis français et même des pièces fabriquées par des particuliers. En 1775, le Congrès Continental décide de créer une monnaie pour financer la guerre d'Indépendance.

Le 2 avril 1792, le Congrès adopte le "Mint Act" qui instaure une nouvelle unité monétaire : le dollar. Par cette loi, les États-Unis deviennent le premier pays à adopter un système monétaire décimal. Les premières pièces sont frappées à Philadelphie en 1793. L'Amérique anglaise venait par cet acte de s'affranchir de la tutelle anglaise et s'affirmer comme un pays à part entière.

« Il y a 70 ans exactement, les Américains introduisaient une nouvelle monnaie dans les zones d'occupation alliées en Allemagne.
Tout commence le 20 avril 1948, Vingt-cinq experts financiers allemands, convoqués par le général Lucius Clay, gouverneur militaire de la zone d'occupation américaine, sont embarqués dans un bus pour une destination inconnue et une raison tout aussi secrète. Ce n'est qu'arrivés à destination, dans une ancienne caserne de la Luftwaffe au fond d'une forêt proche de Kassel, qu'ils

apprennent l'objet du voyage : la création d'une nouvelle monnaie. Les experts entendent un jeune lieutenant américain, Edward Tenenbaum, fils d'immigré allemand, juif de surcroît, leur exposer la réforme concoctée à New York par Joseph Dodge, président la Detroit Bank and Trust Co. Les experts allemands ne sont en fait là que pour régler les détails pratiques des arbitrages arrêtés par les Américains qui ont même déjà choisi le nom de deutsche mark et imprimé depuis l'automne 1947, aux Etats-Unis, les nouvelles coupures – elles ressemblent à des dollars.

Le vendredi 18 juin, les Allemands apprennent par la radio que, dès le dimanche 20, ils devront échanger leurs reichsmarks, la monnaie d'Hitler, contre des deutsche marks (DM). Un échange imposé dans des conditions incroyablement spoliatrices.

Outre-Rhin, la réforme monétaire a un effet positif immédiat sur l'activité économique, en restituant à la monnaie, devenue rare, sa fonction essentielle. Le risque d'un dérapage inflationniste étant écarté, les affaires reprennent.

Une réforme monétaire ne se réduit toutefois pas à une opération de change. Si celle de 1948 eut des effets aussi durables, c'est qu'elle s'est accompagnée de l'instauration d'un cadre idéologique, « l'économie sociale de marché » garantissant le libre jeu de la concurrence, et de la création d'une Banque centrale indépendante. (...) Il y a trois piliers : le libéralisme avec la libération immédiate des prix, la stabilité monétaire et la redistribution sociale. La nouvelle banque centrale baptisée Bank Deutscher Länder (BDL). Elle deviendra la Bundesbank, indépendante du pouvoir politique par ses statuts et par la force des choses : lors de sa création, la République fédérale n'existe pas encore – elle naîtra en 1949. La monnaie avant l'Etat, remarque l'économiste Gérard Moine : « la Banque centrale fut la première véritable institution commune au nouveau territoire de l'Allemagne occidentale. » »[32]

Que l'histoire est bonne mémoire et peut-être aussi bonne conseillère.

---

[32] Valance G. Internet.

Quid de l'histoire de la monnaie dans les colonies françaises d'Afrique et dans les îles ?

3- Vie mouvementée du Franc CFA

1958, le franc CFA est dévalué face à sa monnaie de tutelle, le franc français. Pourquoi ce revirement de situation ? On aura tout simplement sauté pieds joints sur la question. Une chose est certaine : la dévaluation du franc CFA n'est pas une conséquence directe d'une dévaluation du franc français ; ce qui en soi devrait être logique. Aucune référence à la balance commerciale de la zone économique, y compris celle de la métropole. Cela implique-t-il l'absence de raison ou d'une raison suffisamment raisonnable ? Était-ce un cas louvoyant entre le politique et l'économique et dont on eut cru opportun de dissimuler cet aspect pour faire triompher la scientificité économique de l'acte économique ? Les écrits sur la question sont rares.

1994, arrive ce que les manuels d'économie n'avaient pas prévu, la nouvelle dévaluation du franc CFA, dont le mobile semblait se trouver dans une surévaluation de cette monnaie eu égard aux performances économiques des économies nationales de la zone économique. Était-ce le même mobile de l'ajustement de sa valeur qu'en 1958 ?

a) Considérations sur l'avenir du Franc CFA

Le franc CFA, malgré son histoire mouvementée, demeure un sujet de débat intense parmi les économistes, les politiciens et les citoyens des pays africains de la zone franc. La question de la souveraineté monétaire et de la dépendance économique est au cœur de ce débat. Pour certains, le franc CFA symbolise une continuité coloniale et est un frein au développement économique.[33] Pour d'autres, il représente une stabilité financière et une garantie contre l'inflation.

---

[33] Mais comment expliquer la faillite du patrimoine composé d'entreprises de transport et des voies de communication laissé par la colonisation dans certains

En 2019, un accord a été signé pour remplacer le franc CFA en Afrique de l'Ouest par une nouvelle monnaie, l'Eco, dans le cadre de la Communauté économique des États de l'Afrique de l'Ouest (CEDEAO). Ce projet de réforme monétaire visa le renforcement de l'intégration économique et la promotion d'un développement plus autonome dans la région. Cependant, la transition vers cette nouvelle monnaie fut complexe et souleva de nombreux défis techniques et politiques.

4- Perspectives économiques et monétaires

Les perspectives économiques et monétaires des pays de la zone franc dépendent largement de leur capacité à renforcer leurs institutions économiques, à diversifier leurs économies et à améliorer leur gouvernance. La question de la souveraineté monétaire reste centrale, car elle touche à la capacité des États à définir et à mettre en œuvre des politiques économiques adaptées à leurs réalités spécifiques.

Ainsi donc, la question de la monnaie en Afrique subsaharienne et dans les îles est intrinsèquement liée à la question de la souveraineté. La monnaie, qu'elle soit le franc CFA, l'Eco ou une autre, doit être au service du développement économique et social de ces régions. Il est essentiel de continuer à explorer et à débattre sur les meilleures voies pour atteindre cet objectif, en tenant compte des leçons du passé et des défis du présent.

La réflexion fut hypnotisée depuis cette dévaluation et c'est à la suite d'une situation politique que le réveil semble sonner pour décrier un système monétaire qui n'en est pas un, véritablement. Le franc cfa (La zone franc) apparaît alors comme un des facteurs majeurs du non-développement constaté, du fait précisément de l'absence de souveraineté monétaire nationale des nations qui en usent. Argumentation pourtant plus émotion-

---

pays d'Afrique noire : le chemin de fer Bobo Dioulasso-Abidjan, le chemin de fer Kinshasa-Matadi, le chemin de fer Congo-Océan. Leur faillite est-elle plus rattachable à l'absence de maîtrise des techniques de gestion ou à cette euphorie devant l'argent ?

nelle que dictée par l'analyse économique, celle qui pouvait faire référence à l'histoire récente de ces systèmes monétaires qui s'est accompagné de monnaies nationales indépendantes, mais dont peu de données statistiques donneraient la mesure des progrès socioéconomiques accomplis par ces pays.

Cette argumentation prendrait meilleure forme par l'évocation du cas de la monnaie unique européenne, dont les nations assujetties, ayant perdu leur souveraineté, connaîtraient un ralentissement de la croissance économique. La souveraineté monétaire prendrait ainsi la forme d'une loi économique telle que toute situation socio-économique sans souveraineté monétaire nationale est vouée à la stagnation ou à l'involution économique. De même que cette souveraineté monétaire nationale est portée par tout le peuple et non par le souverain politique, le gouvernement. Tant de détails que la théorie monétaire n'a jamais pu montrer comme déterminants dans l'existence d'une monnaie. Un reproche qui se nourrit du fait observé qu'en matière économique, l'analyse est sous l'influence d'un but plus politique qu'économique.

La monnaie euro est née à la faveur et dans la ferveur de l'expérience des zones monétaires africaines du franc CFA, de la domination du dollar (l'eurodollar) sur l'économie européenne et des désavantages causés par une concurrence monétaire intra-européenne au profit du dollar que de l'investissement à l'intérieur de la zone économique européenne. Les peuples d'Europe y avaient été contraints par l'habileté des dirigeants politiques et les référendums n'y avaient rien changé. La foi dans une croissance plus soutenue par l'effacement des barrières douanières et les taux de change monétaires était la seule conviction économique. Aussi, la question de la stagnation économique africaine se trouve ailleurs.

Quelles en étaient les raisons ? La raison la plus réaliste est que la monnaie franc CFA était essentiellement assise sur la rente ; les produits ne s'échangeaient pas contre les produits, mais contre la monnaie. Une monnaie qui puisait sa force dans le travail des autres économies non africaines. Ainsi donc, au commencement se trouve la production, qui engendre l'échange, qui engendre la monnaie.[34] Ceci est l'équation réelle de l'existence de la monnaie. Les expériences de monnaies nationales en Afrique centrale – les expériences du Zaïre, du Mali et de la Guinée – doivent à ce constat la raison de leur échec.

La monnaie est un instrument de pouvoir. Il est très tentant d'en abuser. La maîtrise de la tentation de faire fonctionner la planche à billets, quand on est le détenteur de ce pouvoir et qu'on a le pouvoir sur la société, est fonction, à n'en pas douter, de la tradition de la culture de la monnaie.

L'idée même de souveraineté d'une monnaie est aujourd'hui presque un lapsus. Elle relève soit d'une ignorance volontaire du fonctionnement des économies à l'échelle mondiale, soit d'une provocation délibérée dans un but insatiable de pousser les esprits réformateurs à pousser leur réflexion aussi loin que cela serait positif pour la marche économique. Le pouvoir politique est moins jaloux de sa prétendue souveraineté sur la monnaie ; le marché lui a repris ce qu'il lui avait subtilisé : la souveraineté sur la monnaie a toujours été au marché et c'est plus par le désir d'une certaine tendance à l'épargne qu'il l'aura cédée momentanément au pouvoir politique.

C'est dans cette linéarité idéelle que la question d'une monnaie franche peut désormais être posée au bénéfice des économies africaines. Est-ce la clé du développement tant attendu ? Mais le simple fait d'évoquer cet aspect social en économie nous entraîne-t-il vers ce à quoi on s'attendrait ? À quoi s'attend-on lorsqu'on dit « développement » ?

---

[34] La rente, c'est-à-dire les devises résultant du marché des matières premières, intègre le circuit économique national par sa conversion en monnaie nationale. C'est une manne au sens biblique ; elle provoque l'euphorie générale par sa capacité à attiser la consommation des biens importés presque exclusivement du fait d'une structure économique nationale incapable de faire face à cette demande.

C'est donc une autre énigme à élucider qui se présente contre toute attente. Dans notre faculté d'imagination, c'est si doux de se représenter quelque chose d'aussi volatile que l'état de développé. Si doux, parce que la clé semble en être à portée : les techniques du calcul économique, de la modélisation et toute la théorisation autour, sont suffisamment étoffées que cette berceuse ne demande qu'à être adoptée. Voilà donc comment de la douceur, on passe à l'aigreur, parce qu'il y va de l'ouverture d'esprit des individus dans les pays attardés à ces techniques, à cette modélisation, à cette berceuse. Ouverture d'esprit, parce que l'absence de dynamique de progrès s'expliquerait par le refus de comprendre, ou les dispositions à comprendre. À comprendre par ailleurs que la monnaie est aussi facteur de financement, se plaçant aussi efficacement à l'avant de l'échange. Aussi, le problème du développement serait plus complexe, parce qu'il est surtout de l'ordre méthodologique :

- Le processus monétaire, ou processus d'accoutumance à la monnaie, est un processus de socialisation de la monnaie pour une civilisation humaine donnée ; il s'inscrit dans une tradition évolutive, laquelle aboutit à l'émergence de la convention sociale, c'est-à-dire à la monnaie. [On ne pose pas ici le problème des signes ou des objets qui doivent jouer ce rôle social de la monnaie dans les transactions entre les membres d'une collectivité dans l'espace et le temps. L'histoire des monnaies prouve à satiété qu'il est tout à fait épuisant de poursuivre dans cette voie] ; toutes les sociétés humaines, après des années et des siècles de tribulation, ont débouché sur le plus essentiel concernant la monnaie : son acceptation par tous comme le référent de la valeur. Mais accepter la monnaie comme le référent de la valeur, au regard de l'histoire de la monnaie, c'est admettre qu'elle doit conserver sa valeur par le contrôle de son niveau de disponibilité. Si le métal or conserve sa valeur hier comme aujourd'hui, c'est non seulement parce qu'il est inaltérable, mais bien plus parce qu'il joint à cette qualité le fait qu'il soit rare.

- La rareté est la source de la valeur : si aucun contrôle ne s'exerce sur la monnaie, s'il devient aussi facile d'accéder à ce

moyen de transaction, alors il peut devenir dangereux pour la société de se laisser envahir par la recherche de ce moyen prioritairement, et cela, bien entendu, se ferait au détriment de la production des biens de subsistance.
- L'histoire est très utile, dans son aspect toujours pratique. C'est l'histoire de la théorie pratique monétaire ou de la politique monétaire. C'est en tant qu'instrument de régulation – la grue qui permet de remettre sur les rails le train de la consommation, de la production puis de l'emploi du système économique – que l'histoire intervient. Comme mémoire active, la politique monétaire se réfère à la théorie monétaire pour voir comment, dans un contexte similaire de perturbations économiques – la conjoncture – les pouvoirs publics et les autorités monétaires avaient procédé pour réguler. Les perturbations qui sont le plus souvent d'ordre conjoncturel, même si elles connaissent une certaine longévité, nécessitent des réactions d'une vivacité efficiente. Se pose, le plus souvent, le problème du choix de l'instrument qui répond le mieux à la conjoncture. Pour opérer le choix le plus efficient, avec la vivacité souhaitée, il faut un certain degré d'entraînement, ou plus clairement avoir derrière soi une certaine tradition monétaire. Ainsi, de l'histoire de la monnaie de France et de ses résidus : Schéma 1

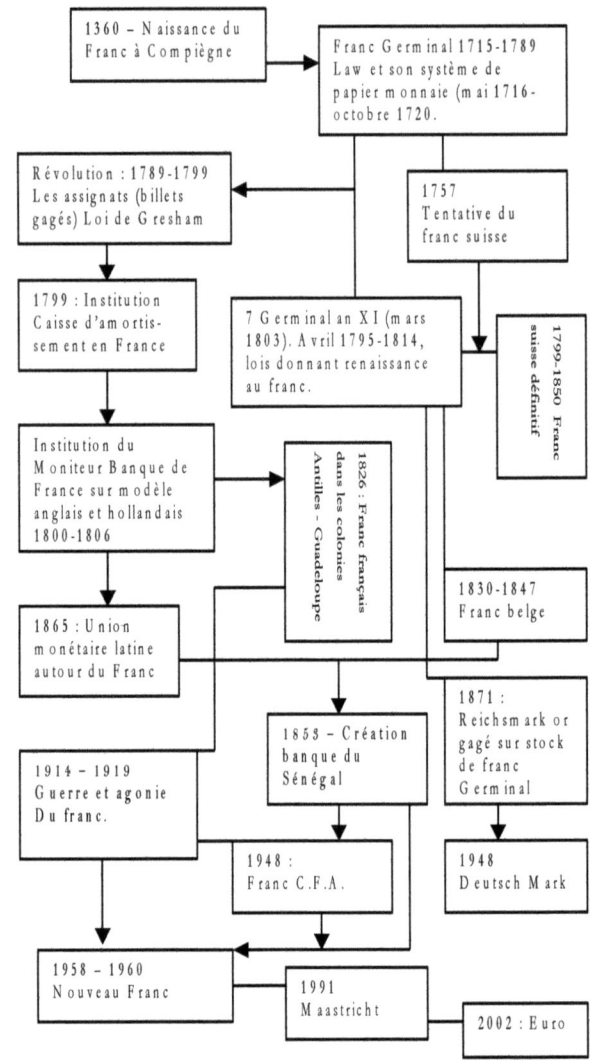

Il a été établi avec l'appui d'une documentation variée au centre de laquelle se trouve principalement Valance G. dans l'histoire du franc de 1360 à 2002.

L'histoire de la monnaie dans les économies de l'Afrique noire est directement liée à celle de la monnaie de France, par qui elle existe. Il ressort que ces économies n'ont aucune mémoire des marées monétaires qui ont secoué les pays européens, lesquelles ont permis d'affiner les comportements monétaires aussi bien des autorités monétaires que des individus. Le cadre bien sécurisant de la zone Franc apparaît ainsi comme une digue antimarées. Ont-elles tiré profit de cette situation ? Sinon, n'y a-t-il pas lieu, pour elles, de recourir à l'histoire de la monnaie, pour en connaître les subtilités ?

Ce petit recul dans le temps est une fenêtre ouverte sur l'organisation de l'enseignement, c'est-à-dire la ligne de transmission d'une culture que les Africains ont eux-mêmes acceptée comme la meilleure ligne. Cependant, à quoi peut servir l'enseignement de la monnaie dans sa forme actuelle dans les universités africaines, au regard de la crise structurelle des économies locales et des solutions apportées par les populations et les pouvoirs publics ? Un enseignement qui, du reste, a tendance à ignorer l'existence de cette monnaie appendice du franc français. Comme le reste de l'enseignement des sciences sociales a bâti son socle sur les pratiques sociales des autres sociétés, sur l'histoire, la géographie et le droit des sociétés indo-européennes. Voilà comment le combat contre cette monnaie coloniale est du ressort de quelques initiés qui ont du mal à haranguer dans leurs sociétés. Parce que même les étudiants jusqu'au niveau master ignorent tout de l'existence même de ce compte d'opérations, et donc du lien très ténu entre le franc CFA et l'euro par un franc français qui est devenu un fantôme monétaire.

Le fait est que cet enseignement a l'obligation de se focaliser sur la démarche imprimée par les économies du nord. L'innovation n'est autorisée que comme complément, compte tenu de quelques spécificités locales, lesquelles doivent malgré tout se cantonner dans la justification de la démarche conventionnelle. Comme on le verra par la suite, à travers l'histoire, la monnaie est vraiment l'aspect de l'économie politique de la réification sociale et économique à travers l'espace et le temps. Alors, la bourse, tout le monde doit y venir ; le système bancaire, le crédit, le jeu, le loto, le financement, les motifs keynésiens du désir de la monnaie, c'est pareil à l'équateur, au pôle Nord ou dans les grottes Dogons. Sur cette vérité immuable, peut commencer l'enseignement de la monnaie.[35]

La monnaie reste un intermédiaire de l'échange dont la valeur réelle demeure encore soumise aux rapports d'échange. Les marchés des capitaux qui régissent les rapports économiques mondiaux ne reflètent pas autre chose que cela. Ce sont les possibilités prévisionnelles d'un intérêt individuel plus important, des gains prévisionnels sur une action déterminée, qui motivent les comportements des individus, qui influencent leurs choix d'investissement. La richesse nationale produite et celle pouvant être produite, sont les déterminants de la demande de monnaie au niveau international. Les joueurs passionnés de jeux de hasard sont d'autant plus passionnés qu'ils espèrent gagner le gros lot qui les mettra à l'abri des besoins ou, plus exactement, de la contrainte de revenu chère à la pensée néoclassique. C'est parce qu'ils n'ont pas d'autres éventualités plus réalistes quant à leur volonté de devenir riches, qu'ils se cramponnent aux jeux de hasard en dépit des multiples échecs qu'ils peuvent essuyer. Leur motivation n'est donc pas seulement de pure passion – le goût du risque –, ni de détenir des encaisses au-dessus de leur niveau habituel ; ils aliènent leur revenu au risque du jeu dans l'espoir de la réalisation de leur rêve de se placer au niveau où ils sont sûrs

---

[35] Les statistiques sur les transferts financiers des migrants en Europe vers leurs pays d'origine alimentent plus fréquemment les débats politiques en Occident. Sur le plan économique, elles devraient être plus instructives sur le taux d'investissement dans ces pays bénéficiaires. Les déceptions, à la limite de la dépression, nourrissent les histoires sur les échecs des financements dus essentiellement au détournement des investissements de leurs projets initiaux au bénéfice de la consommation valorisante. Ce constat pousse au repli sur soi des potentiels investisseurs parmi les migrants, redoutant le risque sociétal dont ils mesurent l'importance.

de pouvoir satisfaire leurs besoins.[36] Et dans la situation actuelle des taux de change entre les monnaies, les barrières politiques étatiques seules font que dans chaque pays, les joueurs acceptent de parier en monnaie locale. Le phénomène de rejet d'une monnaie locale à l'intérieur des frontières nationales n'est pas seulement un fait de besoin d'hypothèse. Le Zaïre monnaie l'eut vécu comme une donnée permanente de son existence entre 1979 et 1998 : les Zaïrois lui préférèrent souvent le Franc CFA et plus tard les devises comme le dollar et les autres monnaies européennes, qu'ils jugèrent plus aptes à assurer les fonctions monétaires comme la fonction de réserve de valeur et celle de précaution. Le Zaïre monnaie connut une dépréciation de sa valeur qui ne connut point de répit par la seule méfiance de ceux qui devaient lui procurer sa force. Que devait-il faire pour retrouver cette confiance ?

Le contexte politique dans le pays venait de changer. Une révolution mentale qui se voulut éradiquer tout souvenir du passé immédiat en utilisant comme arme, l'exhumation des faits d'un passé assez lointain, mais suffisamment présents dans l'esprit des individus. L'abandon proclamé du Zaïre monnaie, coïncidant avec l'abandon du nom du pays (et du fleuve), remettait en selle les anciennes armoiries nationales postcoloniales. On renoua avec la pratique de l'affirmation de la souveraineté monétaire nationale en solidarisant la dénomination de la monnaie à celle du pays : le franc congolais venait d'être exhumé. Une exhumation qui se surprit de l'environnement économique et financier dont il redouta, à juste titre, que son sort ne fût pas à la hauteur de l'espoir suscité par la révolution. Une révolution politique dont l'assise économique ne s'était pas départie de l'érosion qui avait entamé le Zaïre

---

[36] À la frontière des pays – entre Kinshasa et Brazzaville – s'installèrent des changeurs de monnaie, des cambistes. Bien que n'ayant pas un niveau scolaire avancé, de leur banc, assis, ils suivirent les cours des monnaies, et particulièrement celui du dollar, du franc CFA et du zaïre-monnaie. Ils se positionnèrent sur le parcours du trafic entre les deux villes ; un trafic alimenté par le gap du taux de change et l'attractivité des prix du marché kinois pour le trafiquant brazzavillois. Ce qui fit les affaires des cambistes, qui vivaient bien de cette activité.

monnaie. Manifestement, aucune analyse profonde n'avait été entreprise sur les causes de l'érosion. Les fondements économiques de la stabilité monétaire en venaient à être ignorés.[37] Les mêmes causes produisaient les mêmes effets : la monnaie a pour fonction de servir d'intermédiaire dans l'échange des produits destinés à satisfaire les besoins humains. D'où, l'étude de la monnaie doit afficher et affiner ses prétentions à la modification des comportements des populations.

Il s'agit de faire de la monnaie un instrument de culture du goût du risque, lequel est un facteur de passage sur le futur incertain, qui est un processus inévitable dans lequel toute société humaine se trouve engagée par la pression du système évolutif des besoins.

Le goût du risque est lié aux besoins. Cette liaison fait que le futur revêt en économie le caractère d'une démarche exploratoire sur les besoins actualisés et leurs possibilités de satisfaction. Elle est une liaison essentielle entre le goût du risque et les besoins, et de ce fait, joue le rôle de facteur d'ajustement dans la recherche et la définition du sentier de croissance économique le plus proche possible des préoccupations du développement économique.

La monnaie n'existe plus en soi. La spéculation n'est plus un motif permanent de la demande de monnaie. La monnaie ne sera plus désirée essentiellement que dans sa fonction d'instrument d'échange, comme le meilleur garant dans la satisfaction des besoins sociaux et humains.

Devrions-nous commencer toute contestation par l'action de se vêtir de la volonté d'aborder cette critique par l'analyse de la pratique de l'enseignement de la monnaie, comme centrale dans la diffusion d'une certaine forme d'aversion à l'égard du savoir total ? Et, pourrions-nous poursuivre par l'exploration des

---

[37] Contre toute attente, le dollar, la monnaie d'évaluation locale, s'enracinait. La comédie de change du franc congolais prit rapidement corps, emboîtant le pas au zaïre-monnaie : la classe politique refusa les rémunérations en monnaie nationale et se réserva le privilège d'une rémunération en dollars, les dollars de la rente minière.

facteurs de blocage du développement économique des économies de l'Afrique centrale, en se servant de l'instrument fatal qu'est le précepte de la loi des débouchés de Say ?

Chapitre II

La zone Franc

« À l'intérieur de la zone Franc, nous voudrions que la parité du franc CFA par rapport au franc français soit reconsidérée. Nous pensons en effet que cette parité ne correspond pas à la réalité. C'est une question de justice et nous souhaitons qu'une étude exhaustive permette de fixer dans les meilleurs délais une nouvelle parité plus favorable à nos peuples. » (- Gnassingbé Eyadema, président du Togo, Lomé, novembre 1972)

Mais les États n'ont pas d'amis ; ils n'ont que des intérêts, selon un homme politique ayant représenté l'État au plus haut sommet. Aussi, se sentant aimablement irrité par cette revendication à laquelle son protocole ne l'eut pas préparé, il répondait sous forme de menace à peine voilée, à la grande surprise de l'analyse économique qui avait toujours cru que seul le marché pouvait être le seul arbitre des actions humaines :
« L'indépendance, la souveraineté que peuvent réclamer les autres, a ses limites dans la garantie de l'État français. L'une est liée à l'autre. Il y a un lien nécessaire entre la liberté de chacun et la garantie que l'on donne à cet effet, car, à la suite de vos paroles, il est bien évident que le franc CFA s'effondrerait demain s'il n'avait pas la garantie de l'État français. » (- Georges Pompidou, président de l'État français, Lomé, novembre 1972)

« Les fondateurs de la science économique, dans leur grande sagesse, avaient donné à la discipline qu'ils créaient, le nom d'économie politique. En même temps – il est bon que l'histoire se laisse aller de temps en temps à faire apercevoir sa dimension ironique –, ils ont tout fait pour dépolitiser l'économie, c'est-à-dire pour inculquer aux gens l'idée qu'il existe des lois économiques et que ces lois sont largement autonomes, c'est-à-dire indépendantes de l'ordre politique, moral, religieux..., voire antérieures ou supérieures à tout ce qui, dans l'ordre social, n'est pas économique. Ils y ont si bien réussi que l'économie politique est devenue la science économique et que nous vivons aujourd'hui encore dans des schémas d'action et de pensée pour lesquels il est entendu que l'ordre économique et les autres formes de l'ordre interfèrent, certes, mais qu'ils n'interfèrent que parce que, par ailleurs, ils sont chacun le siège d'une logique autonome. (...) Nous sommes en train d'assister à une re-politisation accélérée de l'économie. Il se peut que, finalement, l'autonomie économique soit un intermède dans une histoire longue de l'espèce humaine caractérisée par un état de fusion en partie indécomposable entre les éléments économiques, politiques et idéologiques de la vie sociale. »[38]

Des discours de ces deux hommes politiques d'État, la remise en cause de l'autonomie de l'économique n'est plus seulement sous une forme allégorique. L'effondrement du franc CFA qui aurait de lourdes conséquences, un tsunami économique et financier, est aussi ce qui montre les limites de la revendication. Mais de quelle réalité s'agit-il ?

Les questions de parité des monnaies sont de la sensibilité des pouvoirs gouvernementaux. Mais la valeur de la monnaie est sensible à la production des richesses. De quelle garantie s'agit-il dans la perspective de ce discours ? Comment l'effondrement d'une monnaie peut-il survenir si la production et le dynamisme commercial sont au plus haut niveau des indicateurs économiques ?

A- Parité et pouvoir d'achat

1. L'histoire de la construction de l'économie nationale

---

[38] Barel, Y. op. cit

L'habitude prise de traiter cette question de la zone Franc en se positionnant sur la planche bien confortable à billets a contribué beaucoup plus à la multiplication des zones d'ombre. Mais la zone Franc et son appendice, le franc CFA, ne sont pas plus rattachables à la monnaie qu'à la politique. L'histoire de cette zone intéresse peu ; c'est dans la pratique de toute théorisation économique de se défaire, le plus tôt qui puisse être, de l'histoire. Toutefois, une question au moins devrait effleurer l'économiste africain lorsqu'il se penche sur la zone Franc et le franc CFA : pourquoi le franc CFA et pourquoi pas le franc ?

Y a-t-il un particularisme dans ce contexte économique qui aurait appelé cette métamorphose monétaire ? En ce sens, la géographie et aussi la démographie ont-elles pu, de force argument, laisser émerger cette idée, ou est-ce une certaine force d'anticipation, un calcul économique précoce, qui serait à l'origine de cette construction économique ? Pour mieux saisir le sens de l'interrogation, repartons vers l'histoire de la formation de la pensée économique, parce qu'elle coïncide, par le fait du hasard, avec l'histoire de la conquête spatiale par les royaumes et les empires européens. Une histoire qui est marquée par la montée en puissance du courant de pensée physiocratique qui porte à intégrer les nouvelles possessions comme pouvant permettre une reconfiguration, une sorte d'ajustement de la pensée en formation. Qu'est-ce que la colonie ?

Le débat sur le commerce chez les physiocrates se positionne ainsi sur la question des colonies : « Ces méprises au moins n'ont pas lieu à l'égard du commerce des colonies agricoles, quand la métropole le réserve à ses commerçants pour s'assurer à elle-même tout le profit de ce commerce. Car la métropole en établissant ses colonies n'a pu avoir pour but que son propre avantage, et elle ne doit pas oublier ce but fondamental dans son commerce avec elles » ; et, la suite de cet échange : « je pourrais vous répondre tout simplement que les colonies ne sont pas des nations étrangères à la métropole ; et dès lors votre comparaison disparaîtrait. »[39] Or, les colonies sont justement étrangères à la métropole, par le fait de la territorialité monétaire exprimée par cette politique de la puissance coloniale d'une monnaie pour les colonies différente de la sienne. L'extension de la souveraineté sur ces nouveaux territoires ne commandait-elle pas l'extension de l'espace monétaire ?

S'il n'y a pas de marché dynamique, il n'y a pas non plus d'espace économique au sens moderne du terme. Tout cela s'explique en partie par l'absence de monnaie de progrès. Il existe bien des monnaies, mais elles sont à considérer comme mortes. Dans ces conditions économiques somme toute rudimentaires, les puissances dominatrices ont toujours imposé leur monnaie. Le franc apparaît tout naturellement comme la monnaie de fait, comme le franc belge l'a été dans les colonies de cette puissance et ainsi de suite. C'est donc surprenant que dans une situation où la France crée une banque[40] dans une colonie dès les premières heures de sa tutelle, cette banque émette une monnaie propre, différente du franc, à laquelle elle sera mise en balance par une parité.

Le fait n'est pas suffisamment marquant pour que l'histoire monétaire africaine s'y intéresse. De même qu'on ignore totalement comment cette monnaie s'appelle. Cette succession d'interrogations mène tout droit à cette autre question : pourquoi l'existence des comptes d'opérations, créés entre 1922 et 1925 ?[41]

---

[39] Ibidem, p 354

[40] Le 21 décembre 1853, est créée la banque du Sénégal, qui deviendra en 1901 la Banque de l'Afrique occidentale. R. Godeau, op. cit., p 18

[41] Le compte d'opérations relève beaucoup plus, pour la France, d'une stratégie de gestion de portefeuille, et par ce fait, est à caractère plus politique qu'économique : pourquoi les pays concernés devaient-ils à tout prix sentir la nécessité d'utiliser le franc français comme monnaie dans leurs relations extérieures (les transferts) est un aspect de la question qui reste encore posé, dès lors que l'on sait le rôle d'un trésor public. Cette stratégie financière se comprend mieux avec le fameux régime du compte d'avances, dont le caractère politique est plus prononcé. Voir aussi : Rudloff M. : *Économie monétaire internationale*. Cujas, 1970. 479 pages, pp. 261-272.

Les colonies ne sont pas des entités nationales à part entière. Elles ne peuvent donc pas prétendre à la souveraineté monétaire. La monnaie en circulation est donc le franc. Mais cette monnaie semble avoir deux instituts d'émission, ce qui est un fait monétaire inédit.

Cette situation scabreuse pour l'analyse monétaire a ses causes profondes d'abord dans l'expérience de la zone monétaire du franc au milieu du XIXe siècle, entre la France, la Belgique et la Suisse. Le franc germinal devient la monnaie de référence à la faveur de la situation économique florissante de la France. La stabilité monétaire sera vite remise en cause par une offre subite en augmentation de l'or sur le marché européen. Cette offre a pour conséquence une révision du rapport régissant le bimétallisme entre l'or et l'argent jusque-là établi de 1 à 15,5, soit un kilogramme d'or peut être échangé contre quinze kilogrammes et demi d'argent. Si les pièces d'or se répandent, entraînant une diminution de fait dans le rapport entre l'or et l'argent en faveur de ce dernier métal, la brutalité des effets est adoucie au sein de la zone par la présence de plusieurs banques d'émission. Il s'ensuit que les mesures monétaires prises par les gouvernements et les autorités monétaires seront de nature dissemblable : réduction du poids du métal fin contenu dans certaines pièces de monnaie de manière modulée selon la gravité de la situation propre de chaque pays. Mais cela ne paraîtra pas suffisant pour les autorités belges, pour qui, la gravité et le poids de la spéculation sur les monnaies de l'union de fait, appellent des mesures à long terme. Leur projet porte simplement sur « la création d'une union monétaire assise non plus sur l'argent, mais sur l'étalon or ».[42] Une telle situation ne pouvait laisser indifférent ; la conférence du 20 novembre 1865 s'en saisit et pose quelques questions que voici :

---

[42] Valance : Histoire du franc. Champs-Flammarion., p. 214

1. « Quels sont les inconvénients des différences actuellement existantes dans le système des monnaies divisionnaires d'argent entre les quatre États représentés à la conférence ? »
2. « Serait-il utile d'établir une union monétaire entre les grands pays, union propre à faciliter la circulation réciproque de leurs monnaies divisionnaires d'argent ? »[43]

Ces deux points ne seront pas d'une quelconque interrogation : ils sont posés en tenant compte d'un objectif bien ciblé, l'union monétaire, qui sera établie le 23 décembre par la signature d'une convention monétaire. L'article 1er de la convention arrête : « La Belgique, la France, l'Italie et la Suisse sont constituées à l'état d'union pour ce qui concerne le poids, le titre, le module et le cours de leurs espèces monnayées d'or et d'argent. »[44] Selon Valance, « Rien n'est laissé au hasard : partout les pièces de 5 francs restent frappées à 0,900 de fin, le titre du franc germinal. En revanche, les pièces divisionnaires (2 francs, 1 franc, cinquante centimes) passent à 0,835. Et chaque pays se voit accorder un quota d'émission de ces pièces de 5 francs par habitant : 17 millions pour la Suisse par exemple, contre 239 millions pour la France. »[45]

La volonté de la France sort renforcée par le fait que le système de référents ne change pas, et que ses ambitions commerciales sont intactes dès lors que sa monnaie reste la monnaie de référence. Mais si l'étalon ne change pas, alors que le plan monétaire strict l'imposait du fait de l'offre excédentaire de l'or, l'histoire révèle que ce sont des forces aux intérêts menacés qui s'y opposent : « la Banque de France qui détient beaucoup d'argent dans ses réserves, et par les banques commerciales qui font de grands profits aux opérations de change or-argent. »[46]

---

[43] Ibidem, p. 215
[44] Ibid.
[45] Ibidem, p. 216
[46] op., cit. 214

Ensuite, c'est peut-être pour les mêmes raisons que l'on se trouve devant cette question sans réponse immédiate – monétaire et économique – s'agissant de la zone africaine du franc. Godeau fait remarquer que « le mélange des intérêts publics et privés est une composante du colonialisme. »[47] Pour lui, cependant, il s'agit d'une politique de protection d'un marché qui offre d'énormes perspectives aux intérêts de la métropole. Mais la garantie des débouchés ne devait-elle pas être mieux assurée avec l'extension simple de la monnaie et donc du pouvoir de la Banque de France sur ces colonies pratiquement sans État ? En réalité, au-delà de la protection du marché, la pratique de plusieurs monnaies suppose l'existence d'un marché de change à l'intérieur des frontières nationales, ce qui est un aspect suffisant, du fait des gains financiers qu'il procure, et pouvant justifier le maintien d'un tel ordre monétaire.

Le franc CFA est la conséquence de l'exploitation coloniale des îles des Antilles. Dans sa contribution à l'histoire de la Guadeloupe, Buffon A. souligne le rôle joué par les Juifs dans l'introduction de la monnaie dans cette colonie française, puis les pratiques de raréfaction du numéraire comme stratégie des affaires dans un cadre des échanges au bénéfice exclusif de la métropole, ce que Colbert exprime de la sorte par : « l'avantage des manufactures est de produire des retours en argent, ce qui est, en un seul mot, le seul but du commerce et le seul moyen d'augmenter la grandeur et la puissance de cet état. »[48] Cette préoccupation d'un retour en argent semble générique à l'exploitation coloniale. Smith A. constatera que « le commerce avec les Indes occidentales apparaît encore enviable aux yeux du grand public en Angleterre, parce qu'il n'occasionne pas les déficits qu'il aurait pu engendrer si les exploitants coloniaux

---

[47] Godeau : Le franc CFA., op. cit p.25

[48] Monnaie et crédit en économie coloniale : contribution à l'histoire économique de la Guadeloupe 1635-1919. Basse-Terre 1979, p. 19
 Ibidem, p 33

n'avaient pas leurs résidences en Angleterre, ce qui aurait eu pour fâcheuse conséquence de s'acquitter du prix du sucre et du rhum dans les colonies ».[49]

La raréfaction du numéraire tend à gêner le développement de l'exploitation coloniale, ce qui conduit, en 1660, à l'idée d'une monnaie propre à l'île, une monnaie surhaussée, pour éviter qu'elle ne sorte massivement : « il serait fort avantageux d'y introduire la monnoye et mesme d'y en battre une nouvelle et toute particulière pour ce pays, la mettant à un prix haut afin qu'elle demeurast dans le pays et affin d'obliger les marchands à y aller chercher les marchandises et non pas la monnoye. »[50]

Parmi les réformes préconisées par P. de Tracy en 1663, envoyé de Colbert dans les colonies, « figurent l'institution d'une monnaie propre à chaque colonie… »[51] Mais cette prérogative appartient exclusivement au roi, lequel sera convaincu de la nécessité d'une telle réforme par un rapport sur la situation monétaire des colonies des îles. Buffon relate les faits : le Conseil d'État prend le 2 novembre 1665 un arrêt reconnaissant la nécessité « d'envoyer de la menue monnaie et particulièrement pour les gens de journée, lesquels ne pouvant être payés de leur travail qu'en sucres ou en petuns, dont ils n'ont le débit qu'en France, et ne reçoivent le produit qu'un an après, quittent les îles habitées par les Français pour passer dans les autres où ils sont payés en espèces d'argent. »[52] Cette monnaie sera, sous ordre express du roi, fabriquée dans son hôtel de monnaie à Paris ; cette volonté sera suivie d'une ordonnance d'application qui « enjoint aux habitants desdits pays de les recevoir dans le commerce, leur faisant Sa Majesté défense de

---

[49] Recherches sur la richesse des nations, cité par Buffon, op. cit. p. 35.
[50] Ibidem, p. 47
[51] Ibidem, p. 48
[52] Ibid.

les enlever et à ses sujets du royaume de les recevoir en France, à peine de confiscation… et de punition exemplaire. »[53]

Par la défense qui en est faite de recevoir cette monnaie en métropole, donc la prohibition express de son usage hors des frontières des colonies, l'histoire apporte l'éclairage sur les intentions réelles concernant le développement des cultures, fussent-elles d'exportation, dont les effets sur le développement local ne pouvaient être que positifs. Voilà qui aurait pu ressurgir dans le cadre de l'exploitation coloniale africaine deux siècles plus tard.

2. Le franc des colonies : la leçon de Law

La monnaie en circulation dans les colonies est le franc.[54] Il a cependant la particularité de n'être assis que sur le potentiel économique que représentent les colonies. Il n'y a pas encore de contrepartie en métal or, ni même en argent. Il est appelé à financer le commerce et l'exploitation des colonies.

C'est la leçon tirée de l'expérience de Law : la monnaie est le moteur de l'économie ; ce qui signifie qu'elle doit être en quantité importante, suffisante, pour une plus grande circulation entraînant plus d'échanges et donc plus de croissance économique. Les quantités utiles ne doivent pas être confrontées à la rareté des métaux précieux qui servent de numéraire à la valeur de la monnaie. Il paraît donc tout autant utile de s'affranchir de cette contrainte, par la substitution des pièces de monnaie en métal pur fin de tant de milligrammes par le papier-monnaie. La banque centrale étant, la spéculation peut devenir très vite le moteur de l'investissement, dès lors que la confiance a pour garantie le sceau de l'État. Mais la vraie garantie se trouve être aussi la qualité des colonies dont les habitants sont moins coutumiers aux problèmes de monnaie : l'État ne craint pas la

---

[53] Ibidem

[54] Selon Buffon, en réalité plusieurs monnaies de nationalités différentes circuleront pendant longtemps. C'est seulement à partir de 1854 que la conscience du fait monétaire fait corps et en 1860 qu'une société de crédit est créée

réédition de la situation française de 1719, laquelle s'est achevée par l'explosion du système Law, explosion essentiellement due au manque de sérénité de quelques spéculateurs qui, pour des raisons superficielles, voulurent subitement la transformation de leurs avoirs en billets de banque, en métal or.

Le franc des colonies ne subit aucune spéculation démesurée ; c'est une monnaie constituée par des crédits, qui redevient une véritable monnaie réserve de valeur en dehors de son circuit, comme le montre la figure suivante :

1. Banque centrale de l'autorité de tutelle
   - Émet la monnaie de transaction.
   - Crédite le compte « crédits aux colonies ».
2. Flèche de la Banque centrale vers le Trésor public
   - Montre le transfert de la monnaie.
3. Trésor public
   - Reçoit les fonds du compte « crédits aux colonies ».
   - Joue le rôle de banque commerciale dans les colonies.
4. Flèche du Trésor public vers la Banque du Sénégal
   - Indique que le Trésor public crédite la Banque du Sénégal.
5. Banque du Sénégal
   - Gère la distribution de la monnaie de transaction.
   -Assure la circulation de la monnaie uniquement dans les colonies.
6. Flèche de la Banque du Sénégal vers les Exploitants coloniaux et commerçants
   - Représente le crédit des exploitants coloniaux et des commerçants par la Banque du Sénégal.
7. Exploitants coloniaux et commerçants
   - Reçoivent la monnaie de transaction pour leurs activités commerciales.

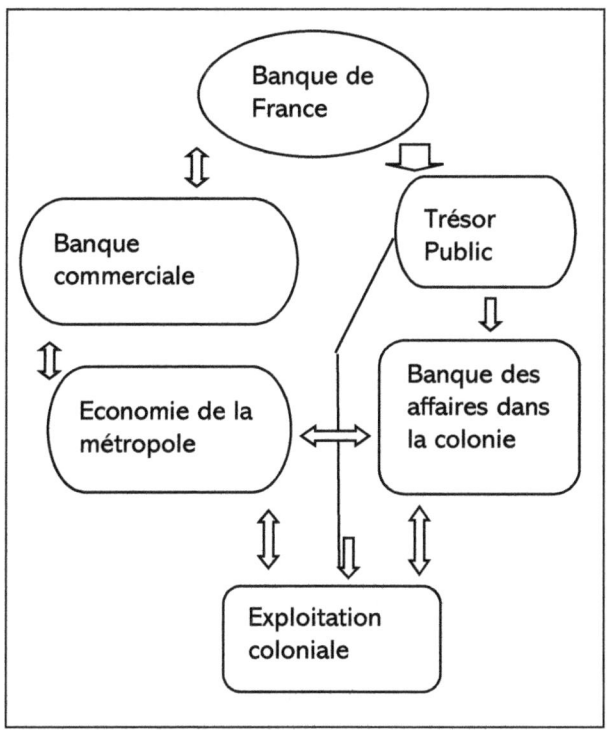

La monnaie de transaction est émise par la banque centrale de l'autorité de tutelle, sur un compte « crédits aux colonies ». Ce compte crédite le trésor qui, en l'absence de structures financières dans les colonies, remplit les fonctions d'une banque commerciale. Le trésor public crédite les exploitants coloniaux et les commerçants en monnaie dont la circulation est strictement réservée à l'espace des colonies, par la banque du Sénégal.

Les transactions commerciales entre les colonies et la métropole se font exclusivement en monnaie de la métropole, c'est-à-dire en franc, qui se comporte ainsi en véritable devise sur ce marché national prenant l'allure d'un marché international. Mais les transactions internes aux colonies augmentent ;

ce qui entraîne la création d'une banque de régulation des transactions dans les colonies. Les exploitants coloniaux ont des comptes courants dans cette banque en monnaie franc des colonies. Les commerçants font leurs transactions en monnaie forte de la métropole. La banque locale se constitue progressivement un compte devises qui ne cesse de grossir. Ainsi, la monnaie sans assise monétaire réelle subit une véritable métamorphose pour devenir une vraie monnaie. Elle participe alors à la croissance de la richesse de la métropole.

Ce système permet à la monnaie de la métropole de renforcer ses assises financières sur le marché financier international. Mais, en soi, il ne gêne pas le développement des transactions ni la transformation des structures d'exploitation économique. Si une certaine rigidité apparaît dans ce processus de transformation – par exemple par l'absence de toute structure manufacturière de transformation des produits primaires –, elle n'est pas tant due au système monétaire en vigueur qu'à l'absence d'une conception dynamique de la richesse chez des exploitants qui se contentaient des profits tirés de leur situation de monopole et de privilège. Mais, cette monnaie, servie par une banque de virement qu'est la B.A.O., a un cours vis-à-vis de la monnaie de la métropole. Elle est de ce fait une monnaie autonome dont la convertibilité sur le marché passe par la monnaie métropolitaine. Il se pose alors la deuxième question autour de ce système : pourquoi le franc des colonies est-il créé sur la base d'une parité qui lui donne la supériorité sur la monnaie métropolitaine, alors que l'économie qu'il est censé faire croître est encore embryonnaire face à l'économie manufacturière de la métropole ?[55]

B. Le franc CFA

Ainsi émerge l'idée que l'histoire du franc CFA est essentiellement une histoire du paradoxe de la valeur. Cette

---

[55] Sur la base des cours des monnaies européennes au XVIIe siècle et notamment de la supériorité de la livre anglaise sur les autres monnaies.

monnaie, issue d'une expérimentation monétaire, est appelée à initier la monétarisation des échanges dans un environnement social peu coutumier. Il n'y a ni banque, ni détention par les individus de métal précieux comme réserve de valeurs. Il n'y a rien de tout cela, considéré comme une prémisse à l'économie monétaire. Le système productif est inexistant, la société ignore totalement les pressions monétaires de toutes sortes. Dans un tel contexte de balbutiements économiques, la monnaie introduite est surévaluée, on l'a vu, pour des raisons causales bien plus nobles, quand bien même tout porte à croire que l'évaluation de cette monnaie à sa juste valeur serait plus profitable à l'économie de la métropole.[56]

Ce paradoxe de la valeur devient encore plus marquant dès lors que l'on réintègre le facteur convertibilité dans l'équation. On n'insiste pas assez sur ces nœuds sur le fil de la trajectoire de cette monnaie, ou tout simplement de ce système monétaire. Ils sont pourtant les clés de l'existence de ce système souvent attaqué comme un système ignoble à sens unique, enrichissant la métropole et appauvrissant les anciennes colonies.[57] Si telle est la vérité, ces attaques restent pour l'instant sans effet réel, parce que la démonstration de l'ignominie manque terriblement d'autorité, comme cela apparaît dans cette interpellation – en terrain à découvert –[58], de l'impétueux président du Togo. La

---

[56] La livre anglaise a, au contraire, joué la normalité en respectant au mieux les conditions monétaires du marché : l'industrie anglaise étant très développée, la livre conserve la suprématie sur chaque livre-monnaie des différents espaces économiques sous l'influence de l'Angleterre.

[57] J.-B. Say s'insurge contre l'idée répandue que l'Angleterre tire un profit appréciable de sa colonie de l'Inde. Il établit la comptabilité de la présence des compagnies des Indes et en conclut le contraire. Mais c'est parce que Say ne voit pas cet aspect qui pouvait justifier, par exemple, une plus grande émission de monnaie en Angleterre, sans qu'il y ait une dépréciation de la livre sterling. Tout simplement parce que le surplus de monnaie en circulation fait le détour positif de l'espace économique de l'Inde. Voir *Cours d'économie politique* ; Flammarion, p. 75-77.

[58] S. Amin et C. Coquery-Vidrovitch, dans *L'histoire économique du Congo de 1880 à 1968*, Anthropos, 1969, affirment que la France tire un grand profit des colonies et surtout du Congo. Ils ne le démontrent pas cependant de manière satisfaisante, y

réplique du président de France parut ainsi disproportionnée, non pas du fait du poids des mots utilisés, mais essentiellement du fait d'une analyse peu profonde qui manifestement constituait la base de l'argumentation en interpellation. Et ces nœuds : une monnaie qui garantit la valeur d'une autre peut-elle avoir moins de valeur que celle qu'elle porte à défendre la parité ?

La valeur de la monnaie se proportionne à la production annuelle. Aussi pour Smith, dès lors que l'argent a seul usage de faire circuler les biens de consommation, lorsque la valeur du produit annuel diminue, la quantité de monnaie doit aussi diminuer. La faiblesse de la valeur du produit annuel déterminera du coup la valeur de la monnaie, les besoins de consommation étant restés égaux. Les importations contribueront à diminuer la valeur de la monnaie. Or, c'est à ce jeu que se livre le franc de la métropole à l'égard du franc des colonies. Le franc de la colonie est convertible en franc de la métropole, de manière quasi exclusive. Il n'y a pas de convertibilité directe en or. Son change est sous l'autorité réglementaire de la métropole. Pourtant, lorsque sa valeur doit être fixée, le 26 décembre 1945, cela donne une parité de 1 franc CFA pour 1,70 franc français. Or, le tableau sur l'évolution du commerce, qui est en même temps relatif au niveau de la production entre la métropole et ses colonies, inspire une logique tout à fait contraire.

1. Balance commerciale entre la France et l'AEF, L'AOF et le Cameroun (tableau complet en annexe 1)

---

compris dans le chapitre II de la 3ème partie, sur Le Système monétaire et ses transferts. Bien sûr qu'il y a nécessairement profit, mais par quel biais ? Ils ont sous-estimé le rôle de la monnaie franc dans ce mécanisme d'exploitation et de réalisation des profits.

	AOF			AEF			Cameroun		
	Impt	Expt	solde	Impt	Expt	solde	Impt	Expt	solde
Millions anciens francs									
1896	43,9	37	-6,9	4,6	4,6	0			
1897	44,1	35,5	-8,6	3,5	5,2	+1,7			
1898	53,1	45,3	-7,8	4,8	5,6	+0,8			
1900	68,9	60,5	-8,4	10,4	7,5	-2,9			
1928	1513,8	1240,1	-273,7	227,9	151,3	-76,6	205,7	159,3	-46,4
1929	1532,4	1328,2	-204,2	276,8	151,9	-124,9	193,6	170,2	-23,4
1930	1457,4	1168,5	-288,9	339,5	197,5	-142	172,8	136,7	-36,1
Millions nouveaux francs									
1945	34,1	25,2	-8,9	8,8	6,8	-2	4,3	6,2	+1,9
1946	101,8	70	-31,8	22,5	22,8	+0,3	17	17	0
1947	202,5	127,4	-75,1	35,8	44,1	+8,3	37,3	27,4	-9,9
1948	354,4	329,6	-24,8	105,6	108,9	+3,3	87,7	75,4	-12,3
1957	1551	1209	-342	522	308	-214	363	300	-63
1958	1499	1372	-127	589	398	-191	429	446	+17
1959	1602	1374	-228	626	417	-209	403	535	+132

Source : La France et l'Outre-mer - CHEFF - 1998

Les principes monétaires de l'économie étaient loin d'être accomplis. Le déficit quasi permanent des échanges entre la métropole et les colonies ne pouvait justifier la surévaluation de la monnaie des colonies.[59] Un facteur exogène en constituait alors l'explication la seule acceptable : « Du droit attribué au gouvernement seul de fabriquer la monnaie, on a fait dériver le droit d'en déterminer la valeur. »[60] Mais une telle pratique ne résiste pas longtemps à la pression de la réalité du marché. Ainsi, « Nous avons vu combien est vaine une semblable prétention, la valeur de l'unité monétaire étant déterminée uniquement par l'achat et la vente, qui sont nécessairement libres. »[61]

Une comparaison avec la colonisation belge peut apporter plus de lumière à ce système monétaire. L'avantage d'une telle démarche méthodologique réside dans le fait qu'au sein de l'Europe, dans cette deuxième moitié du XIXe siècle, existe une union monétaire fondée sur le franc germinal, pour simple rappel. La monétarisation des transactions commerciales dans la colonie belge était soumise à la dichotomie : selon qu'il s'agissait des échanges avec la métropole et le reste du monde, ou des échanges internes entre les habitants et leurs relations avec l'administration (fiscalité), la monnaie était différente. Pour les transactions internes, l'administration coloniale s'était contentée dans un premier temps de reconnaître les monnaies locales en circulation : les mitakos en laiton et les croisettes de cuivre. L'importance croissante des transactions allait pousser vers une modification du système de transfert en charge jusque-là par le trésor de l'État indépendant et les sociétés commerciales. L'évolution monétaire collait à la dynamique politique générale. Ainsi, « le 18 octobre 1908, l'État belge exerçait effectivement sa souveraineté en dotant le Congo d'une

---

[59] Ce déficit était normal, car la demande des biens manufacturés de la métropole ne pouvait qu'être faible en ces temps de construction du marché dans ces colonies.
[60] Say : Traité d'Economie Politique, op. cit., p. 262
[61] Ibidem

loi fondamentale appelée la charte coloniale. Dans son article premier, la charte coloniale stipule que le Congo a une personnalité juridique distincte de celle de la métropole, il est régi par des lois particulières. En conséquence, leurs patrimoines sont séparés : la colonie a un actif et un passif propres. »[62]

De cette personnalité juridique découlera une personnalité monétaire, consacrée, elle aussi, par ladite charte en son article 11 : « Il stipulait que les monnaies d'or et d'argent ayant cours en Belgique ont cours à la même condition dans la colonie : 1 f. C. = 1 f. B. »[63] Aucune dévaluation ne sera enregistrée du fait de l'accroissement rapide des transactions

La particularité de la parité des monnaies dans les liaisons de la France avec ses colonies - particularité d'autant plus frappante qu'elles ne tendaient qu'à appliquer le système de l'Union latine -, jettera le trouble dans la lecture future de ces faits. Ainsi, le compte d'opération qui n'était et est resté un système équivoque certes, mais à plusieurs égards, de garantie de la souveraineté monétaire par la garantie de sa valeur, de sa convertibilité, a été au cœur d'un débat de tant d'aventures : « il assure la crédibilité de la politique monétaire des banques centrales africaines ; enfin, comme il est ouvert à chaque banque centrale et non pas à chaque État, il repose sur la solidarité entre les pays africains. Il contribue à faire de la zone Franc un véritable système monétaire régional : un système monétaire franco-africain. »[64]

---

[62] Leclercq H. : Du Congo au Zaïre, un siècle d'histoire monétaire. In Colloque de Bercy. 1996, op. cit. p. 579

[63] Ibidem

[64] Lelart M. : L'origine du compte d'opérations. In Colloque de Bercy, op. cit., p. 545. Appréciation très enthousiaste en ce qu'elle ne donne pas le sens de cette crédibilité des politiques monétaires, tant que les objectifs de ces politiques monétaires n'étaient pas bien connus dans ces cas, par exemple en comparaison avec les chiffres sur l'inflation. Or, la dévaluation de 1994 à laquelle on se réfère sans cesse avait été motivée en partie par les taux d'inflation excessifs qui ne semblaient pas inquiéter les autorités monétaires locales.

L'altération monétaire est un phénomène naturel dans le cadre du libre-échange, c'est-à-dire de la force exercée par l'une ou l'autre des parties du marché. Le cours forcé de la monnaie des colonies françaises a un poids politique affiché. « Mais qu'on ne s'imagine pas que les gouvernements perdent un avantage précieux en perdant le plaisir de tromper. L'astuce ne leur sert que pendant un temps bien court, et finit par leur causer plus de préjudice qu'elle ne leur fait de profit. »[65] Cette prédiction de Say devait par la suite expliquer la réévaluation de la monnaie de la métropole en 1958, dont la parité devenait plus conforme aux principes économiques. Mais cette politique de la monnaie plus forte, le nouveau franc, avec un franc CFA diminué au cours de 1 franc CFA = 0,02 franc français, devait réaliser la soumission monétaire des nouveaux États, et la continuité dans le rôle monétaire de servir de réserves de stabilisation monétaire de l'économie française. C'est le revers de la médaille.

2. 1994 : Dévaluation ou révision du cours légal.[66]

Le caractère fictif de la parité entre les deux monnaies du système monétaire du franc était affirmé par la décision des gouvernements de reconnaître les choses en l'état : les performances économiques des pays africains du système monétaire n'étaient pas suffisantes pour garantir la valeur actuelle de leur monnaie.[67] La survalorisation de cette monnaie pénalisait la croissance économique de ces pays, selon l'analyse économique très politique. Le replacement de celle-ci dans sa valeur réelle devrait avoir pour effet de favoriser les productions

---

[65] Say, op. Cit., p. 266

[66]. Le terme de dévaluation avait été malicieusement introduit dans l'opinion publique par la puissance de la banque centrale. On ne pouvait le remettre en cause. Le problème est que jusqu'à ce jour, les performances économiques de la zone franc, sans la France, n'ont jamais permis la réhabilitation du cours d'origine ; bien au contraire ! On a misé sur la stabilité, même si, auprès des cambistes, on pouvait être surpris du taux de change qui s'est aggravé : 1€ à plus de 700 francs CFA.

[67] L'enseignement de la théorie monétaire insistait à maintes reprises sur cet aspect. Les intellectuels africains pensaient ainsi montrer leur maîtrise des questions monétaires, en sapant leur propre monnaie, par des convictions que la monnaie est toujours le reflet véritable de la dynamique économique.

locales des biens de consommation. Comment s'y prendre pour permettre un replacement le plus efficient de cette monnaie franc CFA ?[68] La structure des économies nationales ne présentait aucune cohérence interne. Il y avait une prééminence de l'économie de rente[69] qui alimentait plus directement et sans la moindre discrétion la consommation nationale en biens de première nécessité, essentiellement approvisionnés par l'extérieur. Au milieu, il n'y avait que ce vide systémique qui donnait une apparence toute limpide à la balance des paiements nationale. Cette dévaluation était donc presque en porte-à-faux d'avance avec l'objectif poursuivi. Ce qui rendait délicat le choix économique et monétaire de la décision. Quel type de cotation ? Un semblant de questionnement qui ne pesait pourtant pas dans la décision, sachant que c'est à la place boursière de Paris que tout devrait se jouer.

Les journalistes et les commentaires sur la dévaluation insistaient sur le caractère exogène de celle-ci.[70] Faisant référence à la pratique en matière de dévaluation à des fins de rééquilibrage de la balance commerciale, ils s'étonnaient qu'elle ait fait l'objet de vives discussions au grand jour. Une économie qui dévalue, le fait en toute discrétion, y compris en apportant des démentis sur la rumeur en circulation sur une éventuelle dévaluation.

La dévaluation du franc CFA est annoncée sur la place de Paris, pour une monnaie africaine. C'est là un fait nouveau qui n'était cependant pas une occasion de surprise, car Paris était

---

[68] C'est ainsi que le Directeur Général du Fonds Monétaire International expliquait les choses, sans conviction. Plusieurs années après, alors qu'il n'était plus aux affaires, il allait reconnaître que les prédictions sur les effets d'entraînement ne se sont pas vérifiées, car il y avait des goulots d'étranglement.
Godeau Rémi : Le franc CFA. Sépia. 1995. in introduction

[69] Rente : 1) Au service des relations économiques et financières internationales. 2) Au service de l'augmentation de la masse monétaire nationale par la conversion et/ou la création monétaire.

[70] Godeau Rémi : Le franc CFA. Sépia. 1995. in introduction

la seule place boursière de la zone Franc. La question est alors, pourquoi le choix décisionnel de la cotation à l'incertain et non la cotation au certain ? La réponse la plus simple serait de dire qu'il ne pouvait pas en être autrement, dès lors que la place boursière de Paris a toujours coté à l'incertain. Mais, il ne s'agit pas d'une opération ordinaire.

Elle est annoncée à la cotation à l'incertain en rapport direct avec le marché et non avec la zone économique. Cette décision projetait un réajustement de la structure économique et monétaire de ce système monétaire, à la norme. Les performances économiques des pays africains de la zone Franc (PAZF) mettaient leur monnaie en situation de dépréciation normale : la monnaie forte évalue la monnaie faible. Le franc français évaluait le franc CFA à 1 FF = 100 f CFA. La pression politique prenant le dessus sur la réalité économique, annonçait cependant une dévaluation de 50 %, pour un résultat final réel d'un nouveau cours qui s'évertua à soutenir que la dévaluation est de 50 % seulement, et que le reste est un problème du choix de la cotation – comme si la cotation était une opération irréelle dans un système réel. Elle tendait à entretenir le flou sur les motivations réelles de cette dévaluation, surtout sur son caractère exogène, en faisant porter la responsabilité de la décision sur les pays africains. Car la cotation à l'incertain est le fait d'une décision monétaire nationale par rapport à une monnaie étrangère.[71]

---

[71] Mais c'est cette dévaluation qui donne l'explication la plus sereine de la survalorisation de la monnaie des colonies par rapport à la monnaie de la métropole : un faux vrai marché monétaire qui avait pour objectif d'inciter à l'investissement dans les colonies par des gains monétaires au change que cela devait permettre. C'est dire que lorsque ce gain n'est plus consistant pour l'économie de la métropole qu'on juge inopportun de continuer ce système.

Chapitre III

La Nature du Problème

« Si la pauvreté dont nous souffrons était due à la famine, à un tremblement de terre ou à la guerre – si nous manquions de biens matériels et des ressources pour le produire, nous ne pourrions espérer restaurer la prospérité qu'en recourant au dur labeur, à l'abstinence et à l'esprit d'invention. En fait, la situation difficile dans laquelle nous sommes est notoirement d'un autre type. Elle provient d'une défaillance dans les mécanismes intellectuels, dans le jeu des motifs et des intentions d'où découlent les décisions et les actes nécessaires pour mettre en œuvre les moyens techniques dont nous disposons déjà. Tout se passe comme si deux chauffeurs se rencontrant au beau milieu d'une nationale étaient incapables de se croiser par méconnaissance du code de la route. Leurs muscles ne leur seraient d'aucun secours, ni même un mécanicien ; et leur embarras serait le même si la route était meilleure. Rien ne les aiderait à en sortir, sinon un petit peu de réflexion. »[72]

Il suffisait de passer à la prospective. La réflexion n'avait aucun mal à se frayer un chemin - le bon chemin - tant le problème était déjà assez clairement identifié. Or, ce qui est clairement identifié est déjà toute une étape de résolution. Une série de questions en vient alors à traverser l'esprit : « Qui sommes-nous et qu'avons-nous la capacité de faire ? »[73] Mais

---

[72] Keynes, J. M., 2002, La pauvreté dans l'abondance, Gallimard, p. 164
[73] Jorion, P., 2015, Misère de la pensée économique, Flammarion, p. 8

aussi surtout, compte tenu du diagnostic établi sur les causes de notre pauvreté, il ne devrait pas être inopportun de poser l'inquiétude sur l'incapacité de la science économique de sortir ces économies nationales, ces sociétés humaines, de la misère, de l'inorganisation de la structure de production, etc.

Il s'agit de la possible décolonisation monétaire, pour une souveraineté monétaire qui n'impliquerait que des autorités et des institutions nationales.

Nous abordons cette problématique par le biais qui nous semble bien plus productif de la décolonisation, au moins dans un premier temps, comme un objectif plus à la portée des capacités qui sont celles des pays concernés et de la métaphysique financière[74] de l'environnement économique mondial. Nous devons considérer qu'il y a deux schémas possibles à emprunter, le problème étant de faire le choix le plus judicieux.

C'est le moment d'écarter les craintes qui sont malgré tout justifiées, à qui on doit accorder toute la vigilance pour qu'elles ne soient pas des sources de tension improductives pour l'objectif poursuivi. Toute l'attention doit être dévolue à la compréhension du problème. Nous jouons ici au jeu de cartes qui nécessite une vigilance soutenue pour éviter de se fourvoyer dans un choix stratégique qui risquerait d'emporter dans le chaos. Nos économies n'en ont ni le temps, ni le luxe qui consiste à essayer pour essayer ; elles se trouvent dans une situation identique à celle d'une institution financière face à la

---

[74] En l'absence de lien avec une matière première : Dans un système de monnaie fiduciaire, il n'y a pas de lien direct entre la monnaie et une matière première comme l'or. Cela permet une plus grande flexibilité pour la politique monétaire, mais nécessite également une gestion prudente pour éviter l'inflation excessive et maintenir la confiance.

concurrence que lui impose l'environnement financier mais aussi économique.

A - Le CFA : Communauté du franc d'Afrique

Si nous nous attelons à la compréhension du problème du développement, il se pourrait que la découverte soit ou ne soit pas à la hauteur de la ferveur qui nous anime. Le domaine économique réserve quelquefois des surprises insoupçonnées.[75] C'est donc dans une posture de délicatesse que nous penchons pour la modération quitte à être la victime expiatoire de toutes ces luttes politiques qui se sont choisi comme terrain de jeu l'arène monétaire.

Résister à se faire happer par l'air du temps n'a rien de l'anticonformisme. Il s'agit seulement de ne pas jouer à la fausse pudeur qui consisterait à s'aligner dans une procession vers un idéal qui, dans le cas d'espèce, manque de luminosité suffisante sur le réel. La monnaie n'est pas tout. Le talentueux Elon Musk — on ne peut plus s'en passer — est exceptionnel comme innovateur, non pas grâce à la monnaie, mais plutôt à la soif de pouvoir qui l'anime depuis sa jeunesse vraisemblablement. La monnaie a concrétisé le pouvoir, pas la soif.

Il est une urgence qui est négligée, ou seulement sous-estimée, alors qu'elle est fondamentale. Il s'agit tout simplement de commencer par là où des organisations comme le FMI et la Banque mondiale s'étaient arrêtées en proposant comme remède choc aux situations de crise qui était celle de la plupart des économies nationales africaines, le P.A.S. (plan/programme d'ajustement structurel). Des critiques fusent instantanément sur cette expression qui, de ce fait, est désormais vouée à la

---

[75] Dans sa configuration actuelle, le franc CFA, conscient de son rôle dans le système économique d'économie nationale, a mis en place, un code des investissements, les caisses de stabilisation pour assurer à l'agriculture de rente la survie par-delà les fluctuations des cours, et la banque nationale de développement ; au niveau africain, la banque africaine de développement ; toutes mesures des stratégies de développement censées promouvoir l'éclosion de l'initiative entrepreneuriale.

réclusion par le fait des résultats économiques médiocres pour un programme qui était, pour l'essentiel, assis sur des considérations financières. C'est bien cela qui a contribué à jeter le flou sur ce programme. Qu'il s'agisse d'une erreur d'appréciation dans cette évaluation de la situation économique générale en donnant la priorité donc à la primauté de la finance sur l'économie, ne devrait pas contraindre à figer la réflexion à ce niveau. Ce programme avait soulevé un aspect relégué au deuxième rang que l'analyse économique aurait pu bien exploiter : la structure économique de l'économie nationale était et demeure encore le problème central de l'évolution économique dans ces aires démographiques. Et, à ce niveau, l'aspect financier semblait diriger vers un objectif à court terme, en ce sens, qu'à terme, la résolution du problème s'avèrerait inefficace, comme cela s'était produit, appelant un ajustement de l'ajustement précédent, et, en définitive, ayant entraîné le système jusqu'à reconsidérer le taux de change de la monnaie. La crise prenait sa source dans la structure et un simple petit programme pour ajuster finalement le niveau de la production au niveau des finances publiques, ne pouvait pas constituer la bonne potion pour une solution à la crise alors qu'il s'agissait d'apporter des modifications en profondeur à la structure. Pour cela, il fallut dépasser les apparences, c'est-à-dire les questions financières, pour s'atteler à des réformes structurelles véritables. C'est le problème d'un conflit entre des concepts qui résistaient à la fusion : Procédait-on à une dévaluation ? laquelle touchait indubitablement au change, c'est-à-dire impliquant le taux de change, avec la prétention d'un rééquilibrage des comptes extérieurs ; tout en sachant pertinemment que cela provoquerait une rupture dans la parité de niveau de vie entre les deux monnaies de la zone franc. Que donc les statistiques à l'appui renseignaient sur les aptitudes réelles de ces économies à modifier leur structure, la seule clé de leur performance projetée.

Là, il fallut relire le grand penseur Keynes ; faire comme lui qui avait tenu à en découdre avec les classiques, sans toutefois rejeter le classicisme, et nous, cherchant à en découdre avec lui, Keynes, en nous départissant du keynésianisme : « la répugnance à défendre des projets d'investissement à l'intérieur du pays, comme moyen de restaurer la prospérité, est généralement fondée sur deux motifs : le maigre effet qu'aurait sur l'emploi la dépense d'une somme donnée, et la ponction effectuée sur les budgets national et local pour financer les subventions que ces projets requièrent habituellement. »[76]

Dans le P.A.S. des années 1980–90, les analyses étaient assises sur des préoccupations quantitatives, ne tenant pas compte des capacités réelles des structures économiques nationales à générer des excédents. Le manque de connaissance réelle de cet aspect structurel de ces économies par les experts de ces institutions leur avait valu des critiques, constructives par ailleurs, de la part des spécialistes de la question. La réticence était due au fait que tout montrait si clairement que toute unité d'investissement dans cette structure était vouée à être absorbée par elle, sans qu'aucun effet ne se manifestât ni directement et immédiatement, par une quelconque création d'emploi, ni même indirectement et à terme. Le PAS se destinait à résoudre un problème d'aspect politique prononcé, ce qui le mettait au défi d'apporter quelques améliorations à la structure économique. La question était pourtant simple en analysant au préalable les statistiques des économies nationales, qui présentaient une photographie de la structure économique et dont les conclusions qu'elles inspiraient, sautaient à l'œil nu : Quel effet pouvait-on attendre du renforcement des prélèvements fiscaux, de la réduction des effectifs employés — ceci constituant un non-sens dès l'instant où ces économies faibles du fait de l'étroitesse du marché, se voyaient condamnées à ne pas sortir de ce carcan —, les relèvements des prix à la consommation, alors même qu'on conseillait de brider les salaires ? Bref, tout un arsenal de mesures les unes aussi contestables que les autres. Elles ne pouvaient pas avoir

---

[76] Keynes, la pauvreté dans l'abondance, p. 167

d'efficacité parce qu'elles s'étaient positionnées dans l'imaginatif plus que dans le réel. La structure économique était bancale, essentiellement constituée autour du secteur primaire de l'économie de rente et d'un secteur qu'on peut qualifier de tertiaire, tournant presque exclusivement autour de la consommation des ménages. Entre les deux, il n'y avait pas de pont, c'est-à-dire qu'il semblât que dans l'imaginaire collectif – si l'on considère que le collectif est représenté par l'action politique –, il n'y avait pas de petite industrie de transformation ; l'agriculture n'existait tout simplement pas en tant que source d'approvisionnement de l'industrie de transformation ; la rubrique « industrie agroalimentaire » des données statistiques nationales était un simple euphémisme pour décrire une unité de production des boissons dans un processus de production dont le début de la chaîne était à l'étranger. L'alimentation, le vestimentaire, la pharmacie, le transport, etc., nourrissaient des statistiques qui établissaient les risques de blocage du développement à travers des balances commerciales souvent déficitaires. C'est la lecture directe de ces comptes nationaux, surtout des balances commerciales, qui induisait les esprits les plus concrets dans l'erreur : Le solde de la balance commerciale pouvait être positif, ce qui induisait que l'économie nationale se portait de manière satisfaisante. Mais, en réalité, le cours des matières premières seul en donnait une explication la plus réaliste ; quand on était exportateur de pétrole, rien que ce produit, il fallait des importations alimentaires pour 100, 200, voire 300 millions d'individus pour neutraliser la rente pétrolière. D'où, la vigilance scientifique s'imposait dans le traitement de ces données.

Cela parut satisfaisant au niveau de la politique économique, laquelle parut s'appuyer sur les dispositions mentales collectives. C'est dans un tel environnement social et économique que le "keynésisme" ne pouvait trouver terrain d'expression opportun : Aucune nouvelle dépense ne pouvait être additionnelle, celle donnant lieu à un effet sur l'emploi ; le schéma fut plutôt dans l'ordre de la substitution avec laquelle on ne pouvait espérer d'effet multiplicateur ; au contraire, la situation parut si saturée que les ressources du pays furent toutes employées tel que toute tentative de dépenses nouvelles se traduisit par une hausse des prix. Dans une telle configuration, la monnaie franc CFA joua au contrepoids, et la structure économique s'en trouva bien à l'abri. Et cette relative accalmie de la monnaie fut, si besoin en était, la démonstration suffisante que la monnaie n'est pas le seul ferment du système d'économie nationale.

Poursuivons avec cet autre grand esprit du XIXe siècle, J.-B. Say pour justifier que dans sa loi des débouchés, l'idée de la monnaie voile n'est pas seulement d'ordre lexical ; à la fin du XIXe siècle, période du triomphalisme du courant néoclassique, Schumpeter allait faire une représentation presque ludique de cette idée ; il décrivit un système des besoins humains dans la société dans lequel il montrait clairement à quoi pouvait servir la spécialisation et quel fut le rôle de la monnaie dans ce circuit : le cordonnier qui a besoin du pain du boulanger qui a besoin de la viande du boucher qui a besoin du poissonnier qui a besoin de l'habit du couturier lequel a besoin d'être chaussé par le cordonnier qui ne peut pas satisfaire ce besoin s'il n'y a pas le tanneur, lequel attend tout de l'éleveur fermier, qui a besoin de la chaussure du cordonnier, etc. C'est ainsi qu'on assiste à l'émergence d'un système dans lequel la place du travail est au cœur du système.

Quand on observe le comportement socioéconomique de l'individu de nos jours, on constate que l'argent n'est pas la finalité. La finalité, c'est d'assouvir le rêve d'être et l'illusion d'y être parvenu, au risque d'écorner l'économisme de la production[77] des biens. C'est un moment particulier de la sensation de puissance qui va jusqu'à la limite de la confrontation avec la puissance de la société. C'est ainsi que la

---

[77] Ce que Diata H. mettra en joue sous l'expression très appropriée de «la négation du paradigme productiviste ». Thèse de doctorat, 1980.

société a continué à approfondir la division du travail dans une spécialisation qui elle-même tente – péniblement ou assez bien – d'échapper à l'aporie. Dans un premier temps, l'individualisme méthodologique emmène jusqu'à la lisière du réel, celui-ci étant représenté par les limites actuelles de l'innovation ; à cette limite, se positionnent alors dans un deuxième temps des individus qui ont presque renoncé à la poursuite du sentier tracé par l'individualisme méthodologique, pour se placer dans l'antichambre d'où l'on pense réparer les excès de cet individualisme. Dans les deux cas, la monnaie est transitive, la finalité, c'est le bien-être, y compris dans sa manifestation la plus inadéquate avec la pratique économique.

L'illusion est nécessaire. C'est elle qui est à la source du rêve ; elle-même à l'origine de l'innovation qui, elle-même, conditionne l'évolution sociale. La monnaie est le maître d'œuvre de l'entretien de l'illusion. Voilà pourquoi elle est tout au moins devenue avec le temps le fait social le plus marquant.

a- Analyse de trois situations monétaires en Afrique au sud du Sahara

Trois économies nationales à monnaie propre que sont celle de l'Angola, celle du Nigeria et celle de la République Démocratique du Congo (RDC) sont des cas qui peuvent guider la réflexion. Une analyse qui a tablé sur une certaine homogénéité en se basant sur les données d'une même institution, en l'occurrence la Banque Mondiale.

R D C

Après avoir culminé à 8,9 % en 2022, la croissance du PIB réel en **RDC** est restée robuste à 8,4 % en 2023, soutenue par un secteur minier solide, qui a progressé de 18,2 %, contribuant à plus de 70 % à la croissance globale en 2023.
La production agricole a ralenti pour s'établir à 2,2 % en 2023 (contre 2,4 % en 2022). Du côté de la demande, la croissance a été tirée par l'investissement privé et les exportations, tandis que les pressions inflationnistes ont entraîné une contraction de la consommation privée, ce qui a pu avoir un impact sur la réduction de la pauvreté. Le déficit

du compte courant s'est détérioré à 5,7 % du PIB en 2023, contre 4,8 % en 2022, en raison de la hausse des prix à l'importation. Le taux de change s'est déprécié de 21,6 % en 2023 et l'inflation s'est accélérée pour atteindre 19,9 % en moyenne en 2023 (contre 9,3 % en 2022).
La croissance du PIB devrait ralentir à 4,9 % en 2024 et se stabiliser autour de 4,8 % sur 2025-26, en raison de la décélération du secteur minier. Le secteur agricole employant plus de 60 % de la main-d'œuvre de la RDC, la vulnérabilité de l'économie liée aux risques du changement climatique (inondations, sécheresses) est importante. Enfin, l'escalade de la guerre à l'est et l'instabilité politique persistante pourraient saper la capacité à poursuivre des efforts ambitieux de réformes structurelles. Pour atténuer ces risques, le défi immédiat de la RDC est de renforcer la sécurité et de maintenir la stabilité politique et macroéconomique tout en mettant en place des institutions solides pour assurer une croissance durable.

Monnaie Franc congolais (CDF)
Rang pour le PIB en PPA 91
Croissance du PIB 6,21 % (2021) · 4,3 % (2018)
PIB par habitant en PPA 466 $
PIB par secteur agriculture : 37,4 % · industrie : 26 % · services : 34 %
Inflation (IPC) 6,4 % (2016)
Population active 37 800 000 personnes, soit plus ou moins 44 % de la population totale
Taux de chômage 80 %

ANGOLA

Développements macroéconomiques et financiers récents
L'Angola est l'un des pays africains les plus dépendants du pétrole, qui représente 28,9 % du PIB et 95 % des exportations. Le pétrole affecte aussi indirectement la croissance dans d'autres secteurs. La croissance du PIB est estimée à 0,9 % en 2023, ce qui est bien inférieur à 3,5 % prévu au début de l'année et à la croissance de 3 % en 2022.

Le premier semestre 2023 a été marqué par la baisse de la production et des prix du pétrole, l'augmentation des amortissements de la dette extérieure suite à la fin du moratoire sur le service de la dette et une dévaluation de 60 % de la monnaie. Sous l'effet principalement de la dévaluation et de la part élevée de la dette libellée en dollars, le ratio dette publique/PIB a augmenté pour atteindre 84 % à la fin de 2023, après avoir baissé à 69,2 % en 2022. Du côté positif, le ratio du service de la dette sur le revenu total a diminué, passant de 279 % en 2022 à 100 % en 2023, ce qui reflète l'efficacité de la stratégie des autorités visant à réduire les coûts de financement.

L'inflation a chuté de 21,7 % en 2022 à 13,6 % en 2023, avec les prix des denrées alimentaires représentant 68,8 % de l'indice national des prix à la consommation. La Banque nationale d'Angola a relevé le taux d'intérêt de base à 18 % en novembre 2023 et à 19 % en mars 2024 et a augmenté le ratio de réserves obligatoires en monnaie nationale. La baisse des importations a compensé la baisse de 28 % des exportations en 2023, laissant les réserves internationales pratiquement inchangées à la fin de 2023 (14,7 milliards de dollars) par rapport à la fin de 2022 (14,6 milliards de dollars), ce qui équivaut à 7,5 mois de couverture des importations.

L'Angola était classé 148e sur 191 pays selon l'indice de développement humain en 2021, et le taux officiel de pauvreté monétaire était de 40,6 % en 2019. La plupart des emplois en Angola sont informels (79,9 %) et le taux de chômage est élevé (29,6 %), tiré par les zones rurales (38 %) et les jeunes (52,9 %).

Agriculture
L'Angola a produit, en 2018 :
– 8,6 millions de tonnes de manioc (8e producteur mondial) ;
– 3,5 millions de tonnes de banane (7e producteur mondial, ou 10e, si l'on considère avec Banane plantain) ;
– 2,2 millions de tonnes de maïs;
– 1,2 million de tonnes de patate douce (10e producteur mondial) ;
– 806 000 tonnes de pomme de terre;
– 597 000 tonnes d'ananas (13e producteur mondial) ;
– 572 000 tonnes de canne à sucre;
– 355 000 tonnes de chou;
– 314 000 tonnes de haricot;
– 280 000 tonnes d'huile de palme;
– 154 000 tonnes d'arachide;

En plus de petites productions d'autres produits agricoles, comme café (16 000 tonnes) [2].

L'économie en chiffre
– La monnaie angolaise s'appelle kwanza, éponyme d'une rivière du pays.

– Les plus importantes exportations de l'Angola sont le pétrole et les diamants.
– PIB nominal (PPA 2014) : 145,71 milliards de dollars.
– En 2016 : 101,12 milliards de dollars.
– En 2017 : 122,12 milliards de dollars
– En 2018 : 105,75 milliards de dollars.
– En 2019 : 100 milliards de dollars [1]

Dont :

– Agriculture : 9,2 %
– Services : 24,6 %
– Industrie : 65,8 %
– Croissance annuelle (1991-2001) :
– 1,6 % Croissance annuelle (2002) : 17,1 %
– Croissance annuelle (2008) : 13,2 %
– PIB par habitant (PPA, 2001) : 2 040 dollars. En 2005 ; 3 800 $. En 2009 : 8 800 $ [3]
– Taux d'inflation : 12 % (2008 estimé) [3]
– Dette extérieure totale : en 2001 9,6 milliards de dollars. – En 2005 9,4 milliards de dollars.
– En 2009 : 7,617 milliards de dollars
– Importations : 2009 : 17,6 milliards de dollars
– Exportations :26,8 milliards de dollars (FOB) 2009 : 67,2 milliards de dollars

NIGERIA

Développements macroéconomiques récents

La croissance économique du Nigeria a ralenti de 3,3 % en 2022 à 2,9 % en 2023, en raison de l'inflation élevée et de la faible croissance de l'économie mondiale, qui est passée de 3,5 % en 2022 à 3,2 % en 2023. La croissance a été tirée par les services et l'agriculture du côté de l'offre, et par la consommation et l'investissement du côté de la demande. L'inflation a augmenté de 18,8 % en 2022 à 24,5 % en 2023, en raison de la hausse des prix des carburants et de la dépréciation du naira. Les prix de l'essence ont augmenté de 167 %, passant de 254 nairas le litre en mai 2023 à 671 nairas en décembre 2023.

Le taux de change s'est déprécié de 95,6 % en 2023, suite au flottement du naira en juin 2023. La politique monétaire a été resserrée pour maîtriser l'inflation, le taux directeur augmentant de 17,5 % en janvier 2023 à 18,75 % en décembre 2023. Le déficit budgétaire s'est réduit de 5,4 % du PIB en 2022 à 5,1 %, les recettes des administrations publiques s'étant améliorées de 6,7 % du PIB en 2022 à 7,6 % en 2023, tout en restant faibles. Le déficit a été financé principalement par des emprunts nationaux, y compris par le mécanisme Voies et Moyens de la Banque centrale. La dette publique est restée faible, soit 40 % du PIB en 2023, mais le ratio service de la dette/recettes du gouvernement fédéral était élevé, à 111 %, en raison de la faiblesse des recettes. L'excédent de la balance courante s'est amélioré, passant de 0,2 % du PIB en 2022 à 0,9 % en 2023, grâce à la hausse des prix du pétrole et des exportations. Les réserves internationales sont restées solides, mais ont chuté, passant de 6,6 mois de couverture des importations en 2022 à 5 mois en 2023, reflétant le resserrement des conditions de financement mondiales.
Le niveau de pauvreté reste élevé, avec une pauvreté multidimensionnelle de 63 % et une pauvreté de revenu de 40 %. Les inégalités de revenus sont plus faibles que dans de nombreux pays à revenu intermédiaire, avec un coefficient de Gini de 0,35.

La préoccupation qui est la nôtre ici dans cet exposé des données économiques de ces économies nationales, est de se rendre compte de l'impact de la monnaie nationale sur les capacités productives des structures économiques à endiguer les flux commerciaux appauvrissant ces économies essentiellement représentées par les importations des biens alimentaires. Mais intéressons-nous d'abord à ce qui est du développement humain, parce qu'il est l'indicateur de l'autonomie de fonctionnement du système économique par la constitution ou simplement l'existence d'un marché solvable.

Le tableau est plutôt peu réconfortant de ce côté-là : la pauvreté est plus que présente dans ces trois situations économiques et le chômage est de l'ordre de 50 % de la population active. Pour l'analyse économique réaliste cela constitue un aspect handicapant de la politique économique qui paraît se contenter du statut d'économie de rente qui caractérise le mieux ces trois économies nationales. Les études sur l'origine des revenus des ménages seraient ici un élément catalyseur de la pertinence de l'analyse, surtout dans sa capacité à ventiler les sources de ces revenus. Il s'avère dans les cas présents, comme le montrent les données de l'économie angolaise, que les emplois sont pour la plupart dans le secteur dit informel, dont la précarité des situations financières est l'élément le plus stable. Ensuite, les politiques agricoles, quand elles sont mises en œuvre, ne sont pas accompagnées des mesures financières incitatives qui devraient être un facteur de "boostage" attirant des investissements plus volontaristes dont les effets se solderaient par un rééquilibrage de la balance commerciale. Il est vrai que l'économie angolaise semble avoir compris les enjeux d'une production agricole qui porte essentiellement sur une introversion de l'offre qui devient nationale et concerne des produits pour satisfaire la demande locale. L'aspect mérite d'être souligné par le fait que les statistiques publiées ont levé le voile sur un aspect que les analystes économiques, y compris nationaux, ont souvent apprécié avec indifférence.

Dans tous ces aspects, la liaison entre la monnaie et ces investissements n'est pas corrélée. Il serait très hasardeux de soutenir que ces performances sur le plan agricole ont été possibles grâce à la faculté attribuée par la monnaie nationale souveraine à la politique agricole ou à la politique économique globale. Un élément essentiel plutôt constitutif des finances publiques en constitue le facteur le plus envisageable : la conversion de la rente en monnaie nationale. Un aspect d'une visibilité sans ombre pourtant, mais que la tentation à l'ignorer a toujours été dans l'esprit de la revendication de la souveraineté monétaire.

Dans la recherche de cette corrélation, les données sur les crédits à l'économie et leurs allocations sont globalement celles qui paraissent avoir une plus grande latitude à la démontrer. Et d'autres données, notamment sur la structure des prix de production et à la consommation, seraient les plus aptes à apporter des informations plus convaincantes sur l'inflation qui, dans le cas précis de ces économies nationales, n'a pas toujours la connotation que de coutume.[78] Un phénomène d'une complexité certaine dans ces sociétés humaines du paraître qui, par ce fait, déjoue avec une certaine aisance les pronostics qui se fondent sur des facteurs qu'on qualifierait d'objectifs que sont les coûts de production, plus prosaïquement les surcoûts dus à l'immixtion des forces contrariant le bon fonctionnement du marché. Mais l'inflation est duale ; dans cette dualité, elle est, à elle toute seule, une option dont les effets ne sont pas seulement de l'ordre de l'indésirable. Par les coûts, lorsque la structure économique est assise sur une activité industrielle assez dense, que cet activisme industriel dépend, plus ou moins fortement, de l'extérieur – du marché mondial –, elle s'explique le plus naturellement ainsi. Or, l'assise industrielle n'est pas ce qui représente le mieux ces structures économiques nationales, qui sont essentiellement des économies dans lesquelles domine le secteur tertiaire, avec une prédominance aveuglante du secteur commercial s'adressant aux ménages. Dans cette configuration économique très marquée par le social, la politique de dévaluation a des effets multiformes sur la balance des paiements qui est fortement ébranlée par les déperditions financières au profit du marché mondial.

Aux alentours de l'année 2008, un phénomène financier venait d'ébranler le système financier mondial au travers de ce que l'on découvrait sous le vocable quasi barbare pour les ménages dans les économies nationales africaines, de crise des subprimes, plus exactement la crise des crédits subprime, ce scénario catastrophe qui mettait le système bancaire américain en situation de risque de non-remboursement de crédits dans le domaine de l'immobilier.[79] Ce phénomène qui n'était survenu

---

[78] Milandou, M., Loi de Say et développement économique en Afrique subsaharien, ICES 2008, p. 99

[79] Jorion écrivit : « enfin la crise financière et économique actuelle est la conséquence de la « machine à concentrer la richesse » qui constitue le cœur de nos sociétés et dont nous sommes en général très fiers, du moins jusqu'à ce qu'elle nous explose au visage, comme aujourd'hui. » P. 7 Préface. L'explosion dans l'économie américaine serait d'une ampleur telle que le reste du monde en serait aussi victime.

qu'après tant d'années d'obésité financière éclipsait un autre phénomène non moins financier qui se produisait dans les économies dépendant des matières premières : les cours du pétrole ne cessaient de monter, presque depuis le début du siècle, ce qui procurait des capacités financières impressionnantes aux pays producteurs. L'on assista alors à une croissance spectaculaire des pays du Moyen-Orient, l'Arabie saoudite et les Émirats pour les plus médiatisés, dont les choix en matière de politique de développement firent de ces nations des modèles pour les autres. Des politiques de développement qui priorisaient les résultats que l'on pouvait apprécier à travers cette course de prestige, dirait-on, mais avec des effets économiques énormes, des réalisations dans l'aménagement urbain et les travaux publics spectaculaires (les gratte-ciels, le bâtiment, les infrastructures aéroportuaires, etc.). Dans cet environnement de développement s'accélérant, seule la main-d'œuvre peu qualifiée et d'origine étrangère semblait se préoccuper des prix à la consommation. Cette donnée d'apparence exceptionnelle ne parut pas dans les statistiques des économies de ces nations, dans lesquelles la consommation de cette frange de population immigrée ne semblait pas déterminante.

Ce qui n'était pas le cas des économies de l'Afrique centrale par exemple. L'inflation était une politique, en ce sens que la politique monétaire traditionnellement se positionnant comme un instrument de lutte contre l'inflation, ne fut presque jamais une préoccupation de la politique économique durant une certaine période. Elle devait avoir pour objectif, de favoriser l'accumulation : c'est donc une inflation de développement, celle qui a pour finalité de permettre aux individus avisés d'accroître leurs avoirs monétaires ; l'explosion des prix est suivie par la politique monétaire qui se garde d'intervenir pour permettre à certaines catégories d'individus de réaliser des profits appréciables qui dans l'esprit des autorités permettra d'accomplir le saut dans l'industrie tant espéré. Dans le contexte des économies avec un déficit de l'épargne important, le schéma ainsi projeté est qu'il se réalise grâce à cette inflation une remontée de filière occasion du déclenchement du processus industriel. Les commerçants sont les premières cibles et le domaine de leur activité étant la filière naturelle.[80] Dans cette perspective, l'inflation intègre naturellement le cadre macro-économique en tant que préoccupation qui appelle un calcul économique positiviste. Ce n'est malheureusement pas ce qui s'observe. On observe malencontreusement cette inflation improductive, telle qu'elle fut imposée par le PAS, qui servait une cause financière et politique en pénalisant la cause économique.

Avons-nous découvert ce qui occupe notre attention depuis le début de cette rédaction pamphlétaire cherchant à crucifier la monnaie prétendument coloniale et colonialiste ? Pensions-nous aussi simplement découvrir le point sur lequel la terreur colonialiste tord le cou aux politiques de développement national, menaçant et contraignant les autorités maîtresses de la politique économique — la seule censée guider ces sociétés humaines vers le progrès — a opté pour la décadence, ou pour être plus conforme à la réalité, instauré des goulots d'étranglement dans la structure économique ? Avons-nous trouvé le point d'ancrage du franc CFA avec la stagnation économique et la paupérisation sociale ? Là encore, pour plus de clarté, l'émotion ne saurait être bonne conseillère. Et du reste, il est surprenant de voir que les athlètes de la scientifisation de la pensée économique, par la modélisation, dans cet hymne à la fin du franc CFA, ne brillent pas par des propositions de modèles qui auraient pu aider à la prise de décision, se comportant comme des traders par exemple, qui enrichissent leurs mandataires. Ainsi, on peut comprendre pourquoi, les autorités politiques hésitent à plonger dans ces eaux si agitées où ils peinent à percevoir les gains attendus.

---

[80] L'histoire d'un parcours individuel d'un commerçant nigérian, Aliko Dangote, est la matérialisation de cette politique. On dit de lui qu'il a commencé comme détaillant de ciment pour la construction, puis l'idée d'entreprendre la remontée de filière dans la production du ciment a germé. Dangote est aujourd'hui le plus grand producteur de ciment au niveau continental. Ensuite, il a diversifié son portefeuille avec une raffinerie pétrolière et l'agroalimentaire.

L'impression que ni les uns, ni les autres ne savent pas comment y aller, parait la seule force qui retient l'intelligence de proposer un ou des schémas plus ou moins viables, dans cette perspective de gestion d'une monnaie souveraine. Parce que, l'inquiétude avec la souveraineté sur la monnaie n'est pas tant au niveau de la création, qu'au niveau de la synchronisation des comportements avec les contraintes qu'impose cette souveraineté. La peur est dans la souveraineté et non pas dans la création. Deuxièmement, des études comparatives sérieuses et nombreuses font défaut qui auraient pu aider à une meilleure évaluation de l'impact de la monnaie en usage sur le progrès général. Aussi se propose-t-on d'évoquer le change entre différentes monnaies avec le franc CFA pour tenter de cerner les motifs de la capitulation des politiques monétaires et plus globalement des politiques économiques devant leur terrain de compétences, le développement des nations.

Cours des devises. Direction des Prévisions, des Politiques et des Statistiques Economiques.

cours	Juin 23	Sept 23	Déc 23	mars24	Juin 24
$/cfa	605,13	453,71	601,63	603,33	609,68
€/cfa	655.96	613.97	655.96	655.96	655.96
Fch/cfa	671.81	687.01	694.80	679.33	682.15
Yen/cfa	4.28	4.16	4.11	4.03	3.86
Yuan/cfa	84.47	84.13	83.88	83.78	84.04
£/cfa	763.98	761.34	763.87	766.79	774.97
Rand/cfa	32.31	32.35	31.97	32.00	33.11

Le comportement des six monnaies les plus fortes en relation avec le Franc CFA, voici quelques informations générales :
1. Dollar américain (USD) : La monnaie la plus forte et la plus utilisée dans les transactions internationales.
2. Franc suisse (CHF) : Connue pour sa stabilité et son rôle de réserve de valeur.
3. Livre sterling (GBP) : Ancienne grande puissance coloniale avec une influence historique sur les marchés mondiaux.
4. Euro (EUR) : Utilisé par plusieurs grandes économies européennes, mais parfois moins fort que la livre sterling.

5. Dollar australien (AUD) : Forte monnaie dans le Pacifique, souvent influencée par les exportations de ressources naturelles.
6. Dollar canadien (CAD) : Stabilité économique et liens commerciaux étroits avec les États-Unis.

Ces monnaies sont souvent influencées par leurs relations économiques, politiques et historiques avec les pays utilisant le Franc CFA, mais aussi par les dynamiques du marché mondial.

La monnaie nigériane, le Naira, est restée dans la fourchette de 1,30 à 1,40. Comment se comportait le cours entre les six monnaies les plus fortes et qui sont le plus en relation avec le franc CFA ? Une question qui aurait pu ne pas se poser, s'il était donné de lire le taux de change entre deux devises dont les économies ont entretenu des relations économiques avec les économies contrôlées par le franc CFA. En clair, on ne peut pas lire le taux de change entre le dollar et le franc suisse avec l'appui des taux de chacune de ces deux devises en rapport avec le franc CFA. Le taux de change peut être plus serré entre ces deux autres devises entre elles, sans aucun rapport avec leur taux respectif avec le franc CFA. La raison est que la loi de la demande — ici la préférence — d'une devise est strictement dépendante du marché mondial ou des marchés spécifiques sous la pression des événements sociaux, politiques, et non pas seulement économiques.[81] De fait, on peut exclure de cet exercice d'éclaircissement les événements économiques qui sont, somme toute, une évidence. En revanche, les événements politiques semblent régner en maître sur le cours des monnaies : le rouble russe a pu être éjecté de la cotation que par le fait de l'humeur antipathique des États de l'OCDE envers ce pays. Mais, la sympathie des partis politiques américains envers l'État israélien se porte garante du taux de change du shekel, monnaie israélienne, qui continue à jouir de la quiétude des jours indifférents en dépit de l'inquiétude que ses actions militaires peuvent susciter au Moyen-Orient surtout. D'où, le taux de change n'est que rarement un taux du marché, si ce n'est que le marché est une institution essentiellement animée par des individus quasi libres de leurs mouvements, évoluant entre des

---

[81] Les cambistes en Afrique centrale n'admettent pas d'automatisme dans la relation des cours de monnaies ; seule la loi de la demande ponctuelle détermine en vrai le taux de change.

choix. La force de la livre sterling lui vient surtout de son statut d'ancienne grande puissance coloniale ayant réussi à hisser son dialecte en langue des transactions internationales. Si les journalistes et les traders ne s'étaient pas emparés du privilège d'émettre leur point de vue sur les actions financières et économiques, jusqu'à instituer un classement sur les monnaies les plus fortes au monde, souvent sur une base biaisée de la qualité des relations économiques, financières et politiques des pays avec les États-Unis, ce qui influe sur le taux de change, on ne comprendrait pas que la monnaie euro soit moins forte que la livre sterling, l'un des pays de la zone euro étant tout de même la 2e, 3e ou au pire 4e économie mondiale, devant l'économie anglaise. La puissance du marché est atténuée par la force des envies des acteurs financiers. Tel est ce qui rend costaud le franc suisse, le dollar australien, le dollar canadien, face au rouble russe, ou même au yuan. Si tout prenait son essence dans le marché, il y a de fortes chances à parier que la roupie indienne ne s'inclinerait point devant le lev bulgare ou que le franc CFA ne s'agenouillerait pas devant le dollar jamaïcain.

B. Sur le chemin de la refondation

La culture de l'éternel assisté nous perdra ! Voilà comment nous devrions arriver jusqu'à la prise de risque d'appeler les intelligences africaines à repartir à la croisée des chemins — reconnaissant d'où l'on vient —, pour tenter d'explorer les autres directions en dépit des inconnus. Et, à la croisée des chemins, il y a tout le scénario de l'émergence de la théorie économique ; celle qui, pour prendre forme, s'est appuyée sur ce qui était devant elle, qui relevait de l'ordre naturel. Nous avons cependant de quoi éviter le détour dans la préhistoire de cet ordre naturel ou de la loi naturelle, en scrutant l'horizon des réflexions économiques et leurs condensés dans la recherche sur la nature et les causes de la richesse des nations. La synthèse que l'on peut à juste titre admettre comme la bonne synthèse dans la réflexion économique, que ni les évolutions de l'activité bancaire, ni les tournures prises par la monnaie dans son aspect matériel, ne sauraient contrarier.

Dans la presse, on a été exposé à des informations jugées précaires parce que non attestées mais qui pouvaient se retrouver concrétisées par divers faits financiers et économiques. Ces informations ont souvent mis en cause la pertinence des statistiques économiques établies bien plus souvent sous la pression du politique à des fins politiques. Ainsi, c'est de la presse libre qu'était annoncé le bricolage des statistiques servies aux experts du FMI qui à leur tour s'en servaient pour la publication des données économiques et sociales donnant une photographie de l'état du monde. Le FMI transmettait son aura à ces données que tous les scientifiques dans le monde considéraient comme scientifiques. La surprise vint de la témérité d'un individu créancier d'un État de la Communauté économique et monétaire de l'Afrique centrale (CEMAC), qui entreprit de recouvrer sa créance qui butait contre une fin de non-recevoir de cet État, et se décida de porter l'affaire devant un tribunal qui se trouva être le FMI. Alors, s'étant imprégné des données statistiques financières de l'économie nationale de cet État mises à disposition par le FMI, il apporta la preuve que ces données étaient largement sous-estimées, que la réalité était bien moins reluisante. Portée sur le forum mondial qu'est Internet, le FMI se ravisa et reconsidéra ses recommandations financières vis-à-vis de cette économie nationale.

La suite de cette citation porta sur les revenus pétroliers. Les vingt premières années de ce vingt-et-unième siècle furent, pour emprunter à un autre domaine économique son langage, des années d'un bon cru. Les cours du pétrole globalement furent très favorables. Les recettes engrangées permirent de rêver au développement. Des programmes à cet effet furent enchaînés, changeant d'abréviation pour un plus grand impact psychologique, mais aucune amélioration de l'indice du développement humain. Les budgets nationaux connurent des bonds insoupçonnés, souvent du simple au double d'une année à l'autre, mais en même temps, le taux de croissance des diverses infrastructures, dans le transport jusqu'au social, ne refléta pas ces bonds. La population dans la plupart de ces économies nationales ne crut significativement qu'au bout d'une période de vingt ans ; pourtant, pendant la même période, la dette de certaines d'entre elles, partie de zéro, pouvait atteindre des pics dans l'ordre de 110 % du PNB. Pour un bilan économique de cette période du grand cru, on va dire que le choix économique, plutôt financier, de la politique économique a été de renforcer le marché, par un renfort du côté de la consommation : contre l'individualisme méthodologique, qui est assis sur la rationalisation, les pouvoirs publics optaient pour une plus grande distribution des revenus, ce qui entraîna une croissance effrénée du budget de fonctionnement et, comme toujours dans ces cas-là, au détriment du budget d'investissement. Les gains pétroliers furent condamnés à renforcer les capacités productives des entreprises mondiales faisant à peine sourire les observateurs nationaux constatant le déficit de la balance commerciale. Voici ce qu'un journaliste populaire à l'époque au Congo écrivait pour un compte rendu :

Vers un collapsus systémique du Congo. »
Depuis bientôt 10 ans, malgré les milliards de francs CFA engrangés, le Congo s'enfonce. Avec la dévaluation qui pointe à l'horizon, l'hécatombe est proche, à moins que les oligarques et les gouvernants...
En 1996, lorsque la barge de forage en puits profond de haute mer a été lancée sur la concession « Nkossa », le profit oil (partage de production) global estimé était de 265 000 milliards de FCFA (soit 442 millions de dollars) pour un baril estimé initialement à 17 dollars. Avec un accord initial à 18 % pour la République du Congo et 82 % pour ELF Aquitaine (devenue TOTAL par la suite). La part de revenu finale à reverser après cost-stop était prévue pour 47 700 milliards sur 5 ans, soit de 1997 à 2002.
(...). *Dans l'intervalle, le prix du baril de pétrole s'est envolé, atteignant les 50 dollars en 2005 puis les 125 dollars en 2008 ! Mais les contrats sont les contrats et ils ont été signés sans effets rétroactifs.*
Les 19 oligarques congolais se sont donc partagés les « maigres » 47 700 milliards en coupant la poire en deux : 23 850 milliards placés à Macao et Hong Kong et la moitié restante dans l'économie congolaise entre leurs mains. Hubert Pendino, homme-orchestre dans cette aventure en sa qualité de PCA de La Congolaise de Banque, a largement œuvré pour l'exfiltration de cette somme colossale. Cependant, le Diable est dans les détails. Non seulement les revenus du pétrole se sont avérés supérieurs, mais ils ont également créé une hubris de toute-puissance chez nos oligarques,

les rendant de plus en plus gourmands dans une frénésie irrépressible de consommation à tout-va ! Les montages financiers chinois se sont progressivement révélés insuffisants et les placements se sont orientés vers d'autres lieux : Aruba et Panama, Qatar et Émirats, puis enfin par les cabinets Mossack Fonseca dont les documents ont été publiés dans les Panama et Pandora Papers par WikiLeaks.
Seuls 9 000 milliards ont été réellement investis pendant toute la période faste des grands travaux (2002-2018), ce qui est très peu pour une transformation sérieuse du Congo. Les seuls actifs stratégiques que sont le CFCO et le Port Autonome de Pointe-Noire nécessitaient respectivement 5 700 milliards et 700 milliards, soit plus de 80 % des dépenses réalisées (sur base ordonnancement car la réalité est le vide abyssal). On a fait du saupoudrage cosmétique partout avec des investissements au rabais et surfacturés.
Il s'annonce le « rapatriement » des 23 850 milliards. Si la dévaluation intervenait comme prévu en janvier 2025, cela assurerait la faillite du Congo et la caporalisation définitive de l'État congolais.
Par ailleurs, ces funestes scénarios ne se produiraient pas, si, comme ça a été fait en Angola, les oligarques et dignitaires congolais renflouaient le trésor public avec les sommes abyssales qu'ils ont détournées des recettes de l'État. Le Congo redécollerait et n'aurait plus besoin de se surendetter auprès du FMI et des autres instances financières. [Ghys Fortune BEMBA DOMBE, journaliste][82]

On se contenterait dans ce texte de tout autre chose tel que nous l'avons rendu spécifique par l'introduction de l'italique. Il s'agit d'un contrat et dans le cas d'espèce, aucune opportunité d'une occasion d'arrimage du contrat ou du contenu du contrat à la monnaie ou la nature de la monnaie nationale n'est apparue ; le contrat est approuvé par les différentes parties en considération des gains espérés et il n'y a rien d'autre à en dire. Et c'est l'information la plus attendue par toute capacité

---

[82] Ce journaliste animait un journal satirique dans le monde de la presse au Congo. Cette liberté d'expression sembla agacer l'esprit du monopartisme qui était en train de se réinventer dans un contexte constitutionnel consacrant cette liberté comme inviolable. Dans la pratique courante, les journalistes qui se laissèrent guider par la constitution prirent le chemin de l'exil, la pression de la pensée unique les y ayant forcés. Il s'exila en Europe pour sa survie, d'où il écrivit cet article en décembre 2024.

d'analyse. Le deuxième aspect dans sa nature d'information est le comportement des représentants de l'État devant la monnaie. La question qui viendrait —qui est peu encourageante pour la suite—, serait quelle autorité suffisante peut avoir la monnaie sur les individus représentants l'État au plus haut sommet, c'est-à-dire ce sommet d'où l'on administre la souveraineté monétaire ?[83] Une série de questions émane de ce texte de ce journaliste qui apportent quelques indications dans le sens où le regard doit se diriger pour saisir le lieu des véritables enjeux dans le processus de développement, qui ne saurait se contenter des taux de croissance que l'on trouve dans les comptes-rendus ou les pages des documents rameutant l'opinion, les opinions vers la bergerie économique gouvernementale.

L'autre suite ne fut guère plus encourageante. Parce que l'observateur économiste se focalise le plus souvent sur les données chiffrées, les atouts politiques des pouvoirs publics dans ces pays étaient à même de les lui fournir. Mais il advint que la conjoncture se pencha pour lâcher le politique ; et voici :

Le 16/12/24, à l'invitation du président camerounais, pour réfréner la menace d'endettement et de crise financière sur le marché des Titres publics de la sous-région Cemac, le président du Cameroun P. Biya a invité ses pairs à une réunion d'urgence. Si vous ne le savez pas, le Congo Brazzaville est le principal emprunteur du marché des Titres de la sous-région Cemac. Le Congo concentre 34,9 % de l'encours global des Titres en circulation au 31 mars 2024, devant le Gabon et le Cameroun alors que le pays est le dernier à accéder au marché en 2017, alors qu'il a été lancé en 2011. Le défaut de paiement est enregistré sur les échéances du 28 et 29 août 2024 dernier et avait créé un climat de suspicion entraînant au passage un refroidissement des ardeurs des investisseurs régionaux sur le marché des Titres publics. Cette situation qui risquait fort de plonger la zone monétaire dans une

---

[83] Même dans la démocratie la plus affirmée, une élection régulière peut donner des ailes à l'élu, tel qu'il se croit se passer des contraintes de la démocratie, se voyant dans une monarchie absolue. Dans les Etats en Afrique centrale, le président est plus proche du monarque que du président, érigeant la désinvolture en précepte de gouvernement qui a exigence de la soumission de tout. Mais la tradition du chef lui a permis une telle mutation.

crise, alimenta un moment la rumeur d'une dévaluation du franc CFA XAF. Ce qui ne sembla pas comme hypothèse acceptable par les autres membres de la communauté.

: [SACER](https://sacer-infos.com/congo-la-crise-de-la-dette-et-ses-consequences/)

C. Y a-t-il une loi monétaire ou loi de la monnaie ?

La distinction que nous avons établie ci-haut entre la monnaie et la finance avait pour but de dissiper les confusions qui entourent souvent la question de la monnaie. Sans cette distinction, la crainte de s'affirmer comme souverain dans le choix des signes monétaires régulant les échanges risque de s'enraciner. *Ces craintes, qui ont parfois mené à des conséquences* lourdes, ont entravé la volonté de lancer une monnaie même dans un cadre communautaire international. Elles résultent souvent de la confusion entre finance et monnaie.

Il existe une loi de la monnaie. Comme toute loi sociale, elle a besoin d'une base solide pour s'épanouir. Cette loi repose sur la structure économique, qui doit être suffisamment introvertie. Cela signifie que l'organisation du système de satisfaction des besoins ne doit pas être trop influencée par les relations économiques avec d'autres économies nationales. En d'autres termes, un faible taux d'extraversion de l'économie est complémentaire à la croissance économique. Dans cette loi, la monnaie trouve un contexte favorable pour maintenir un cours qui stimule le dynamisme économique par une équivalence entre la production des biens et la quantité de monnaie nécessaire à l'équilibre général.

Cette loi est mise à mal lorsque la structure économique est fortement extravertie, ce qui se traduit par une défiance envers sa propre monnaie, la rendant vulnérable aux fluctuations des marchés internationaux. Le cas du zaïre monnaie est exemplaire : le pays eut pris un risque considérable en se positionnant sur le marché international, avec une économie dominée par un secteur minier tourné exclusivement vers l'extérieur. Pour maintenir l'économie nationale à flots, il eut fallu imposer la monnaie nationale comme la seule devise pour les transactions de ses matières premières exportées, mais cela se fut avéré impossible ; les capacités techniques d'exploitation étaient aux mains de firmes internationales, et la compétence du pays se limitait à collecter une part des revenus des ventes.

Sur le marché des matières premières, un marché très politique, imposer sa monnaie aurait nécessité la maîtrise du marché par des alliances et la formation de cartels de producteurs, comme cela s'est fait plus tard pour le pétrole. Les instruments de l'analyse économique, politique et financière de l'époque ne le permissent pas. Cela aurait également requis le soutien d'une force militaire nationale ou d'une puissance militaire étrangère, ce qui n'était pas réalisable à l'époque. C'est que ce sont les économies industrielles des pays puissants militairement qui s'imposaient sur ces marchés.

La loi de la monnaie exige un préalable : Les situations économiques nationales évoquées ci-dessus, ainsi que les articles de journalistes sur la précarité de la gouvernance dans de nombreux pays africains, sont, en soi, le nœud gordien de la souveraineté monétaire. Ces lanceurs d'alerte aident à éviter la répétition des échecs monétaires passés. Une fois ce préalable assuré, la gestion d'une monnaie nationale ou communautaire devient souhaitable, voire nécessaire, pour le développement espéré.[84] C'est dans ce contexte que l'on peut entreprendre une réflexion sur la monnaie, inspirée par les observations d'Adam Smith, dont la pertinence ne souffre jusqu'à nos jours d'aucune faiblesse.

Cependant, il faut d'abord admettre que la structure sociale et de production doit être entièrement reconstruite. Parmi les

---

[84] Gardons toujours à l'esprit que ce sont les entrées rentières qui ont financé les programmes de renforcement de l'autonomie des économies nationales des pays du Moyen-Orient. Ce sont aussi ces mêmes entrées rentières qui ont permis le choix stratégique improductif et onéreux du financement des structures à effet d'entraînement limité ou nul des pays d'Afrique centrale.

problématiques flagrantes figure celle des salaires et des mesures prises par les autorités pour fixer les salaires et les prix, une question rarement abordée dans la politique macroéconomique.[85] Cette reconstruction n'est pas exclusivement monétaire ; elle doit prendre en compte une refondation des catégories sociales en jeu. Ainsi, la société a besoin d'agriculteurs et de paysans conscients de l'importance de l'agriculture et de l'élevage comme sources d'intrants pour l'agro-industrie. Or, l'agriculture et l'élevage sont ces activités qui sont souvent perçues comme des moyens de survie, assurant une transition dans le sentier de l'exploration du bien-être et sont abandonnés dès que des opportunités du salariat se présentent, notamment en milieu urbain.

Le spectacle de ruraux au bord de la famine n'a pas seulement un intérêt sociologique, mais illustre également ce qui a été mentionné précédemment. Il s'agit aussi d'une alerte sur le degré de colonisation mentale qui confronte l'individu au dilemme de la modernité. Le prestige des biens importés, même alimentaires, est recherché, créant une situation paradoxale : Les ruraux préfèrent vendre leur production sur les marchés urbains actifs, malgré les frais de transport, car ces marchés permettent un échange rapide entre leurs produits et les produits importés qu'ils ont hâte d'acquérir.

On pourrait penser que le raccourcissement du circuit entre le producteur et le consommateur entrainerait des prix plus bas. Cependant, ce n'est pas le cas. Dans ce climat de méfiance envers les grossistes, on constate que les productions

---

[85] Les données statistiques sur l'état de la nation publiées par la banque centrale n'attirent que très peu l'attention des responsables de la politique économique. C'est là un premier problème dans cette démarche revendicative. En *1991*, pendant le grand forum politique de la Conférence Nationale Souveraine, l'évêque président de ce forum, jésuite et économiste, enchanta l'assemblée lorsqu'il suggéra qu'un tas de problèmes attendaient des directives claires de la part de ce forum. Il s'agissait, entre autres, de la problématique de la fiscalité et de celle du salaire, avec l'introduction de la notion de salaire minimum. Jusque-là, aucune de ces deux questions n'avait fait l'objet de préoccupation scientifique des économistes locaux.

individuelles sont souvent modestes, ce qui favorise le commerce direct. Il est donc presque impossible d'augmenter la production sans l'intervention des grossistes, qui seraient à même d'exercer une pression nécessaire sur les performances de production pour maintenir leur activité.[86]

Lorsque nous évoquons la notion de structure, nous soulignions les interconnexions entre les secteurs, notamment par le biais du revenu, qui agit comme une énergie de transformation dans la dynamique du développement. Nous avons souvent observé chez les ruraux une admiration pour l'habitat urbain. Ils ignorent cependant qu'ils détiennent la clé de ce qu'ils perçoivent, à tort, comme inaccessible. Leur dépendance à l'égard du salariat est la cause de leur marginalisation dans le processus de modernisation.

Les responsables économiques ne semblent pas non plus conscients de ces interconnexions architecturales, parfois quasi-mécaniques, mises en lumière par la réalité économique. L'industrie de la construction ne peut prospérer dans un environnement salarial défavorable. Les sociétés de construction échouent souvent, car la demande de logements, bien que forte, est limitée par le niveau des revenus et le coût de la vie. Cette demande ne peut être satisfaite que par une faible part solvable, empêchant les sociétés de bâtiments de fonctionner de manière continue et de réaliser les économies d'échelle nécessaires à leur survie.

---

[86] À la saison, on trouve sur le marché certaines productions agricoles alimentaires. L'industrie agro-alimentaire, dans la production de certaines boissons comme les jus et la bière, généralement présentée comme la seule industrie viable de la structure économique nationale, n'a pas encore totalement joué son rôle de moteur de l'agriculture. Cette industrie fonctionne grâce à des intrants importés. La raison évoquée tourne essentiellement autour du niveau de production locale, où le concept de verger, par exemple, sur plusieurs hectares, n'est pas encore dans l'imaginaire collectif. Ainsi, les jus de fruits sur le marché sont exclusivement des concentrés qui arrivent de l'étranger dans des fûts de 100 ou 200 litres et, pour ce qui est de la bière, produit de très grande consommation, même le maïs, premier intrant, est importé, laissant échapper une occasion de revenu considérable.

C'est cette mécanique, alimentée par un revenu viable, qui doit être ciblée par la refondation de la structure économique. C'est ainsi que se prépare le terrain pour la souveraineté monétaire. Nous venons malheureusement de démontrer que la monnaie seule ne suffit pas à la construction nationale. Mais sans elle, il est tout aussi évident qu'il est presque impossible de guider une société humaine vers son épanouissement.

Un problème mérite d'être abordé dans cette refondation structurelle, celui du contexte économique mondial actuel. Aujourd'hui, la mécanisation extrême, la robotique et l'automatisation avancées, la production virtuelle facilitée par l'informatique, ainsi que la monnaie virtuelle et numérique, dominent ; ces facteurs ont provoqué des bouleversements inédits dans l'histoire humaine.

C'est dans ce contexte économique que se trouvent les économies nationales de notre préoccupation, lesquelles sont modelées par ces facteurs, au risque d'être entraînées dans un fossé systémique difficile à surmonter. Les jeux de hasard — jeux d'argent — ont envahi les esprits de cette jeune main-d'œuvre sur laquelle repose l'espoir d'un redéploiement du travail dans la production. Les bureaux de ces jeux ont proliféré à une vitesse telle qu'ils renforcent le mythe des gains en prenant des risques, vus comme plus avantageux par rapport à un revenu salarial.

Il y a un danger réel que la sociologie du travail n'a pas encore pris en compte dans son champ d'études. Une culture du risque est en train de se mettre en place, détrônant la culture du salariat et reléguant la culture du travail au second plan. Dans cet environnement dominé par le gain sans effort, que deviendront les statistiques sur l'emploi ? Comment pourra-t-on définir le chômage ? À quoi bon parler de population active dans ce contexte où la consommation prévaut sur le travail dans l'esprit des individus ?

La refondation structurelle touche également à la question des « biens mal acquis »[87] souvent évoquée dans la presse. Il y a quelques années, nous avions proposé à un spécialiste de la recherche opérationnelle de modéliser la corruption en raison de son impact sur la croissance économique et potentiellement sur la structure économique elle-même. Pris dans la routine des problématiques en vogue, il n'y avait pas vu d'intérêt scientifique. Cependant, les fameux biens mal acquis montrent clairement comment la corruption bloque le développement.

Mathématiser les effets de la corruption sur l'économie est un sujet complexe mais fascinant. Pour ce faire, on peut utiliser plusieurs variables et paramètres dont voici quelques idées :
-En passant par l'établissement du Niveau de corruption (C) qui peut être mesuré à l'aide d'indicateurs comme l'Indice de Perception de la Corruption (IPC) de Transparency International.[88]

-On procède à l'évaluation de la croissance économique (G) par/en la mesurant par le taux de croissance du PIB réel.

-Dans la rubrique "investissement direct" étranger (F) on porte l'attention sur le niveau de capital étranger investi dans l'économie.

-La corruption a pour vecteur le niveau de bureaucratie (B) ; c'est donc tout naturellement qu'il faut l'appréhender par la mesure de la complexité et le nombre de procédures administratives.

---

[87] On ne s'y trompe pas : le répertoire des hommes et des femmes les plus riches de la planète passe sous silence les milliardaires politiques que compte l'Afrique. Mais, statistiquement au moins, les répertorier donnerait la mesure des ponctions financières au détriment des budgets nationaux. Et émotionnellement, il permettrait d'être moins hilare sur cette monnaie CFA qui, dans ce cas, ne paraît pas être un obstacle à l'enrichissement improductif.

[88] Le travail de cette ONG est d'une importance de premier ordre dans la compréhension du fait du sous-développement. Peu d'études à caractère scientifique dans un cadre pédagogique agréé se sont portées sur cette thématique.

-À la suite de quoi, on passe à l'évaluation de l'efficacité des institutions (I) : Peut-être prendre appui sur (évaluée à travers) les divers indices comme l'indice de gouvernance mondiale.

-Devrait-on s'intéresser à la productivité (P) : la faible productivité du travail dans les institutions est le signe le plus visible du niveau de corruption ; elle est mesurée par la production par travailleur ou par heure travaillée.

-Contre toute attente, l'Inflation (Inf) rime souvent avec corruption ; aussi doit-on s'intéresser au taux d'inflation annuel.

-Dans une économie où règne la corruption, le niveau des dépenses publiques(D) y est impressionnant ; quoi de plus normal que d'évaluer la quantité d'argent dépensée par l'État, souvent exprimée en pourcentage du PIB.

Une formule hypothétique pour estimer l'impact de la corruption pourrait ressembler à ceci :

$$E = \alpha_1 \times C + \alpha_2 \times B + \alpha_3 \times I + \alpha_4 \times Inf - \alpha_5 \times G - \alpha_6 \times F - \alpha_7 \times P - \alpha_8 \times D$$

où E représente l'impact économique de la corruption, et α_1, α_2,...,α_8 sont des coefficients qui représentent l'effet de chaque variable.

Si l'on veut bien poursuivre dans cette voie, bien sûr, plongeons dans le monde fascinant des méthodes économétriques et voyons comment les économètres utilisent diverses techniques pour estimer les coefficients de modèles économiques, et aboutissent aussi naturellement ici :
Voici une des méthodes les plus courantes, celle de la régression linéaire. C'est l'une des techniques les plus simples et les plus couramment utilisées. Elle permet de déterminer la relation entre une variable dépendante et une ou plusieurs variables indépendantes. Par exemple, pour estimer l'impact de la corruption (C) sur la croissance économique (G), on pourrait utiliser un modèle de régression linéaire :

$$G = \beta_0 + \beta_1 C + \epsilon$$

où β0 est l'interception, β1 est le coefficient à estimer, et ϵ est l'erreur résiduelle.[89]

La corruption agit comme une trappe où disparaît une portion des avoirs financiers de l'économie nationale. Cette perte se traduit par des coûts qui affectent négativement la qualité et la quantité des investissements, entraînant des effets catastrophiques sur les projets concernés. En conséquence, cette évasion réduit à la fois la qualité et la quantité des projets. Par exemple, des infrastructures destinées à améliorer la maîtrise du territoire national, pour lesquelles des investissements colossaux eurent été alloués, se retrouvèrent abandonnées, causant un énorme gaspillage financier : Prenons l'exemple d'un projet de construction d'une route de cinquante kilomètres dans une zone de savane sans cours d'eau. Les études normées fixent le coût à un milliard de francs par kilomètre. Les études de faisabilité sur le terrain montrent une conformité avec cette norme. Le budget de l'État alloué, surévalue le financement de 20 % pour les imprévus. Mais, voilà que l'autorité de tutelle exige une rétrocommission de l'entreprise qui a remporté l'appel d'offres, sous la menace que son choix n'est pas définitif. Pour l'aider dans cette voie, on conseille également à l'entreprise de manipuler ses comptes pour recupérer cette rétrocommission à la manière d'une taxe collectée à reverser.

Pour commencer les travaux, l'entreprise reçoit un tiers ou la moitié du financement, avec l'obligation de verser la rétrocommission de 20 % sur cette première tranche. Lorsque le deuxième versement n'arrive pas, l'entreprise doit puiser dans ses réserves pour éviter l'arrêt du chantier, ce qui a pour conséquence la dégradation de la qualité des travaux. Le projet

---

[89] Notre ambition n'est pas de concevoir un modèle économétrique. La question de la corruption est déjà très ardue à traiter. Des modèles existent qui vont jusqu'à affiner la problématique, mais cela restera toujours une approche. Les techniques de corruption s'affinent sans cesse ; seule la vigilance active peut les suivre dans ces différents méandres.

devient alors une simple technique de détournement des deniers publics.

Lorsque la crise des subprimes eut éclaté, focalisant l'attention de l'économie mondiale, la surprise est venue de ce côté avec une gouvernance enfin relevée par le FMI et la Banque mondiale par son manque de performance, cela n'a pas semblé affecter outre mesure la vie économique nationale. Quelle était donc la raison de cette résilience ?

Dans un contexte de corruption généralisée, la monnaie zaïroise (1967 à 1997) eut perdu plus de 200 % de sa valeur sur le marché intérieur, s'échangeant à dix mille zaïres pour un dollar à l'intérieur du pays, alors que son taux officiel initial était d'un zaïre pour deux dollars. Ce phénomène, bien que peu analysé par les économistes, eut des effets pervers importants. Puis, par un coup du charisme d'un leader, le franc congolais avait été réinstauré en remplacement de la monnaie zaïre monnaie. Cette nouvelle monnaie a résisté à la finance internationale, maintenant un taux de change plus qu'honorable d'un 1 $ = 2844 CDF, contre un taux initial d'un dollar pour mille francs congolais.[90] Sur le territoire de la RDC, plusieurs monnaies circulaient, et grâce à la présence des dollars des recettes minières et l'usage de cette devise dans les transactions commerciales de détail, la monnaie locale a pu contenir sa dévaluation.

L'économie nationale de la RDC a trouvé un moyen de sauver sa monnaie, en s'appuyant sur la puissance du dollar. Ce que la monnaie zaïre monnaie n'avait pas réussi à réaliser face à la concurrence du dollar, du franc CFA et d'autres monnaies, le franc congolais l'eut accompli. Cela laisse penser que la stabilité du franc congolais reposa sur d'autres facteurs.

---

[90] N'y aurait-il pas intérêt pour la RDC d'intégrer la zone du franc CFA, comme stratégie de lutte contre la spoliation de son sous-sol par la bourse des matières premières, située si loin de toute influence de cette économie ?

L'évocation de cette monnaie, le CDF, est le pont qui permet d'accomplir la traversée entre ce qui existe, le franc CFA, et ce que souhaitent, sans nul doute, bon nombre d'Africains : le lancement d'une autre monnaie dans cet espace économique. Qu'on ne s'y laisse pas égarer : le sous-sol et le sol ne sont que des facteurs primaires qui ne garantissent en rien la monnaie ; erreur qui a entraîné la monnaie souveraine du Zaïre dans l'errance jusqu'à sa fin.[91] Seul le travail est le véritable garant de la valeur de la monnaie. Dès le départ, soyons lucides pour percevoir cet autre élément déterminant : le développement de l'emploi a une répercussion considérable au niveau de la masse monétaire, par la transformation du revenu en dépense, soit la vitesse de circulation de la monnaie.

Quelques enthousiastes pourraient voir cela comme une manœuvre suggérant le statu quo, estimant que le problème du développement de cette région socioéconomique n'est pas d'ordre monétaire, mais extérieur, puisque la monnaie actuelle dépend de la volonté d'un pouvoir régalien étranger. L'importance de la question est telle qu'on ne saurait se contenter de simples affirmations, surtout dès l'instant où on note une divergence des politiques macroéconomiques au sein de la zone du franc CFA, le CFA XOF ayant une liberté sur le choix des pôles de financement plus positiviste/volontariste que ne le paraît avoir le franc CFA XAF.

Ceci ne saurait s'imposer comme un handicap majeur dans le projet de la reconquête de la souveraineté. Aussi, il est

---

[91] N'Gbanda Nzambo Ko Atumba, H., Ainsi sonne le glas ! les derniers jours du Maréchal Mobutu, Ed. Gideppe 1998. : « ... l'ambassadeur Simpson vint me voir pour me faire passer un message de l'Administration américaine, début mai 1994, sur le trafic de fausse monnaie. ..., deux semaines plus tôt, le gouverneur de la Banque du Zaïre, Monsieur Ndiang Kabul (...) me fit part de son inquiétude : « Nous sommes devant une situation très grave. Les services spécialisés de la Banque viennent de découvrir des faux-vrais billets de zaïre monnaie. » (...) « Regardes ces deux billets pour voir si tu peux trouver une différence. (...) « Le gouverneur venait de m'expliquer que la commande de nouveaux billets de banque était confiée à un puissant homme d'affaires libanais, Abdou Kharim, qui se trouvait être le protégé et l'associé du Général Baramoto, qui lui avait obtenu ce marché. Le voile du mystère venait de tomber. » » p. 124 – 125 jusqu'à 131.

nécessaire de lancer une nouvelle monnaie, commune à la CEMAC ou à l'actuelle zone Franc. Cette substitution de la monnaie existante par une nouvelle monnaie devrait s'accompagner de la restructuration de l'économie, de l'application de l'individualisme méthodologique et du rôle crucial des dirigeants politiques. Le contexte actuel facilite cette transition grâce à l'existence d'une monnaie unique communautaire dans la zone. La principale opération consisterait à déclarer que la monnaie de la zone Franc n'a plus de lien avec le compte d'opérations, ce qui signifie que l'assistance extérieure est coupée, proclamant du même coup la souveraineté.

Le territoire de circulation de cette nouvelle monnaie est déjà défini, et les politiques communes, notamment en matière de droits de douane qui sont déjà en place, en consolident les fondations. Il n'est donc pas nécessaire de chercher un nouveau nom ; celui existant peut bien exprimer la volonté commune d'exister monétairement : le Franc CFA pourrait être réinterprété comme la Communauté du Franc Africain.

Il n'est pas nécessaire de changer l'apparence des billets et des pièces. Cela éviterait tout travail d'adaptation à la nouvelle monnaie surtout dans ce contexte où règne encore l'analphabétisme. Les échanges et transactions interrégionales continueraient sans interruption. Le seul défi à relever serait celui du taux de change au lancement de cette vraie-fausse nouvelle monnaie avec les autres devises.

Concernant le taux de change, c'est un défi majeur pour la monnaie de la souveraineté régionale. Ce taux de change face aux devises bien établies sur l'économie mondiale déterminera son existence. Dans le contexte actuel de la mondialisation, ces devises sont jalouses de leur prestige et de leur notoriété ; l'émergence de nouvelles monnaies est vécue comme une tentative de contestation de ce prestige et est une menace qui déclenche une riposte. Leur prestige est assuré par leur capacité à générer de la richesse : le dollar américain, par exemple, n'est pas seulement une monnaie qui a conduit des économies nationales à la prospérité, mais aussi une monnaie d'investissement productif par excellence ; il a atteint ce statut grâce à la volonté de surpasser les forces naturelles ; en réalité, la domination de l'économie américaine dans le commerce mondial explique cette position.

Alors, que faut-il faire pour assumer sa liberté de souveraineté monétaire ?

Une leçon importante de l'histoire de la monétarisation de la société est celle tirée de l'action volontariste du Président Mobutu avec le zaïre-monnaie. Une tentative assumée de rébellion contre le franc belge qui visa la conquête de la souveraineté de l'économie zaïroise ; des craintes liées aux risques furent transcendées. La leçon est qu'il n'y a pas d'autres déterminants de la souveraineté monétaire que le pouvoir de l'autorité politique nationale, comme l'a démontré le dirham marocain en 1959. Si, l'histoire des faits économiques et sociaux a conscience de cet aspect, pour diverses raisons, l'analyse économique a souvent ignoré cette leçon.

De petits pays, démographiquement et économiquement, sans appartenance à une communauté économique ou monétaire, ont une souveraineté sur leur monnaie. Cela prouve, s'il en était besoin, qu'il n'y a pas d'autre déterminant que la *seule* volonté de monétarisation de l'économie nationale, comme l'a démontré le royaume du Maroc.

« Jusqu'en 1959, le Maroc voyait son destin économique et financier étroitement lié à celui de la France, ancienne puissance coloniale qui conservait son influence sur le pays nouvellement indépendant. Cette dépendance était de moins en moins acceptée, trois ans après que le royaume a obtenu son indépendance politique. Mettre fin au règne du franc marocain, et par conséquent à la tutelle monétaire de la France, devenait une nécessité pour un pays en quête de souveraineté. Il fallait tourner la page d'une monnaie presque aussi ancienne que le Protectorat français au Maroc, créée en 1920, huit ans après le Traité de Fès. Le franc marocain dépendait entièrement du franc français et, même après 1956, suivait les fluctuations de son homologue. » « La rupture survint lorsque la France décida de dévaluer sa monnaie en 1958, et que le Maroc refusa de s'aligner sur cette décision. Ainsi, malgré les difficultés, l'indépendance économique et financière devenait une réalité. La création du dirham fut précédée par celle de la Banque du Maroc, "Bank Al-Maghrib". Le roi Mohammed V déclara : « La souveraineté de toute nation se manifeste par des attributs, notamment la liberté d'action dans la conduite de la politique financière et monétaire [...] et par la possession d'une monnaie nationale émise par une banque nationale et non une monnaie satellite émise par un institut étranger ». Exit la monnaie satellite, place au dirham, désormais équivalent à cent francs français. »

« Le ministre de l'Économie nationale et des Finances de l'époque, Abderrahim Bouabid, déclara que c'était « le préalable nécessaire d'une politique économique fondée sur les impératifs propres à la situation marocaine ». Mais le plus important, comme le rappela Bouabid, était que le Maroc venait de franchir "une nouvelle étape dans la voie de son indépendance".[92]

L'obstacle à surmonter n'est pas seulement sur le plan méthodologique, mais aussi au niveau de la confiance, notamment en ce qui concerne la convertibilité et le comportement sur le marché monétaire. En réalité, lorsqu'on observe les autres monnaies, il apparaît que le seul véritable pas à franchir est la création ou le lancement de la monnaie. Le reste est sujet à spéculation.

L'accusation selon laquelle les économies nationales de la zone Franc sont exploitées par un institut étranger s'est concentrée sur ce lien, tout en négligeant l'exploitation réelle par le taux de change. Se focaliser sur le compte d'opération très critiqué a permis la réalisation de nombreuses autres

---

[92]Kawtar Ben Cheikh avec Mostapha Bouaziz   Source : Le Journal Hebdo. Internet : l'histoire du dirham. Internet.

manœuvres, notamment autour des échanges commerciaux et des profits qu'ils peuvent générer. À un taux de 1 franc français pour 50 francs CFA, le salaire moyen dans la zone représentait un panier moyen appréciable, avec des effets d'entraînement réels sur l'offre nationale. Mais, à un taux de 1 franc français pour 100 francs CFA, les importations ont eu un impact beaucoup plus pénalisant dans un contexte où le système économique national n'avait pas d'autres leviers pour atteindre l'équilibre. Pour cet équilibre, il aurait fallu une revalorisation salariale ou une action en faveur des subventions sur les prix, ce qui aurait entraîné une charge supplémentaire sur le budget de l'État. Pour retrouver l'équilibre, l'État aurait dû revoir la fiscalité ou hypothéquer une partie de la rente, ce qui aurait également impacté la part du budget consacrée aux investissements.

Dans ce contexte, où tous les autres facteurs restent inchangés, les profits réalisés grâce à ce nouveau taux de change sont doublés dans un premier temps, mais la rigidité du système productif empêche une réponse adéquate aux exigences supplémentaires. C'est cette situation, évaluée sous un autre angle, qui a poussé l'économie marocaine à se révolter, tandis que les économies de la zone Franc ont préféré subir cette situation, par doute.

Comment devrait-on établir la parité/convertibilité ? c'est l'un des aspects de cette volonté de se désolidariser du franc français.

Pour mieux comprendre ce mécanisme, il est utile de se pencher sur le rôle du Fonds Monétaire International (FMI). En effet, le FMI est l'institution qui valide la viabilité des monnaies en enregistrant leur cours par rapport au dollar américain, qui constitue la monnaie de référence. Le dollar s'est imposé comme monnaie internationale, et aucune autre institution monétaire n'a pu le contester. Cette hégémonie a fait de la Réserve fédérale américaine une sorte de banque centrale mondiale.

Les billets en circulation aux États-Unis ont cours légal dans l'économie mondiale. La politique monétaire des États-Unis influence directement les politiques monétaires des autres nations. Les taux directeurs de la Réserve fédérale influencent ceux des autres banques centrales, bien que celles-ci s'en défendent. Elles sont néanmoins contraintes de se plier aux lois du marché et de la bourse. Le dollar, en tant que monnaie dominante sur les marchés financiers, génère une forte demande intrinsèque et permet d'engranger des bénéfices considérables.

Cette position privilégiée explique pourquoi l'économie chinoise — souvent qualifiée d'atelier du monde — peine à détrôner l'économie américaine de son piédestal de première économie mondiale.

Le cours légal d'une monnaie ne peut être déterminé qu'en tenant compte des projections sur la restructuration des économies nationales et leur capacité à répondre à la demande intérieure de biens de consommation courante. L'exemple de l'euro, une monnaie commune à des économies aux performances variées mais visant une convergence économique, est instructif. Certaines économies européennes ont rejeté cette convergence, la jugeant inadaptée à leur bien-être, tandis que d'autres l'ont vue comme une bouée de sauvetage pour éviter la déperdition menaçant leurs économies dans un système de taux de change. Ces pays souhaitaient également éviter l'isolement et les sanctions douanières, jugées moins productives comparées aux avantages du marché unique.

Cette analyse a poussé le Royaume-Uni à conserver sa souveraineté monétaire, créant une position ambiguë au sein de la communauté. Politiquement, le Royaume-Uni adhérait à l'Union européenne, mais sans en accepter toutes ses exigences économiques : pour le Royaume-Uni, l'Europe était une union douanière sans fusion monétaire. La livre sterling, cotée face à l'euro, a conservé sa supériorité grâce à un mécanisme complexe, tandis que le dollar a maintenu son influence en raison de sa position dominante dans le commerce international.

Cet exemple démontre que la notoriété d'une place boursière influence également le cours d'une devise. Une logique subtile justifie le taux de change de la livre sterling. Depuis la fin de la Seconde Guerre mondiale, l'économie anglaise a perdu sa position dominante en Europe, au profit de l'Allemagne, dont l'économie a bénéficié de la reconstruction pour dominer durablement la sphère économique européenne, Russie incluse.

Cependant, l'étude des taux de change des monnaies interpelle. L'historique des PIB de l'Allemagne et du Royaume-Uni montre l'importance de chacune en Europe et dans le monde : en 1991, le PIB de l'Allemagne était d'environ 392 milliards d'euros, et en 2023, de 1121 milliards d'euros. Pendant cette période, le PIB du Royaume-Uni est passé de 2 milliards d'euros à 16 milliards d'euros. Pourtant, le taux de change de l'euro par rapport à la livre sterling est d'environ 0,83 £ pour un euro (1 £ = 1,20 €). On peut dire la même chose du yen japonais : Le taux de change d'une monnaie par rapport à une autre dépend également de facteurs psychologiques et politiques, souvent sous-estimés dans le schéma financier.

Les exemples de souveraineté monétaire évoqués précédemment ne sont qu'un rappel de l'histoire monétaire de certaines régions du continent, dont les similarités avec les économies nationales aspirant à la souveraineté sont frappantes. Néanmoins, les économies de la zone Franc ont un avantage majeur : les structures monétaires existent et fonctionnent de manière autonome ; la monnaie émise par les banques centrales est une monnaie communautaire pour les économies nationales des deux zones.[93] Il s'agit donc, d'une monnaie réformée et non

---

[93] Les comptes d'opérations sont nuisibles dans leur tendance à se constituer en comptes d'épargne forcés avec leurs exigences perfides.

créée, dont la réforme porte sur le cours légal par rapport aux autres devises.

Premièrement, il est impérieux de lancer la bataille pour le statut des matières premières.[94] Au-delà de la vision scolaire classique, les manifestations en Europe pour une meilleure reconnaissance de l'agriculture montrent l'importance de considérer le travail agricole comme un travail spécialisé. Cette reconnaissance logique entraînerait une revalorisation du travail agricole, une perspective que les pouvoirs publics sont réticents à admettre. En effet, dans la conception actuelle, l'agriculture est perçue comme un pilier économique qui contribue à la stabilité globale des salaires et du coût de la vie, soutenant ainsi la viabilité économique des autres secteurs. La théorie économique, appuyée sur le marché du travail, tente de minimiser la spécialisation du travail agricole et son besoin de rémunération équitable.

Pour les pouvoirs publics, reconnaître le travail agricole au même titre que le travail spécialisé dans l'industrie entraînerait automatiquement une augmentation des prix de gros des produits agricoles, ce qui aurait pour conséquence l'ajustement de la rémunération du travail à sa juste valeur. Cette reconnaissance de la valeur du travail dans l'agriculture aurait effet immédiat sur les prix se répercutant dans les autres secteurs, conduisant à une hausse généralisée des salaires et des prix. Cette situation oblige le gouvernement à jouer le rôle de modérateur dans un système censé être régulé par la loi du marché.

---

[94] La production industrielle des matières premières semble défier les lois de la production : ses coûts de production ne sont que très rarement pris en compte par la cotation sur le marché international. Qu'il y ait souvent des occasions de gros profits, lorsque les cours s'envolent, c'est indéniable ; c'est même normal pour une entreprise. Mais, la cotation est synonyme de variation. Il n'y a pas de prix de réserve comme à la bourse des objets d'art. C'est là que se situe le risque pour les pays producteurs. Les consommateurs de ces matières premières réalisent de grosses opérations financières.

La même bataille devrait émerger pour les matières premières. Elles méritent bien plus que leur rôle de stabilisateur des prix et des salaires dans les économies qui les consomment massivement. Bien sûr, revendiquer la revalorisation de ces prix se heurterait à la loi du marché, qui a toujours arbitré les prix de ces produits.

Lorsque la prise de conscience récente du pillage s'indigne de l'état de délabrement des économies nationales de toute la sous-région Afrique centrale, elle se place inconsciemment en contradiction avec l'histoire du marché des matières premières, surtout si l'on s'en réfère à la place et le rôle du pétrole aux États-Unis, une économie productrice et consommatrice depuis le début du vingtième siècle. Les prix ont depuis toujours été conditionnés par l'offre et cela n'a pas empêché la croissance de cette économie, mais a plutôt été un moteur puissant de la formation de la richesse dans ce pays. Aux USA comme partout ailleurs, les matières premières subissent la loi du marché exprimée au XIXe siècle et avant, par les grands esprits que la pensée économique a fixé comme les classiques.

Cependant, la comparaison s'arrête là. À cette époque, l'environnement économique et financier se développait, favorisant cette croissance autoentretenue. Le taux horaire des salaires avait déjà fait son apparition, et la migration du travail entre les deux secteurs clés, l'agriculture vers l'industrie, en était devenue un facteur déterminant. L'économie américaine n'était pas sous l'emprise de l'économie anglaise, alors puissance économique mondiale. C'est ici que réside la différence avec le contexte actuel du marché des matières premières depuis la deuxième moitié du vingtième siècle jusqu'à aujourd'hui.

Il est donc essentiel de revendiquer, car les pesanteurs sociopolitiques n'ont pas la même détermination au sein de l'économie nationale et à l'extérieur. Par exemple, l'absence du facteur taux horaire du travail devrait justifier en premier lieu cette revendication. Mais elle ne peut être menée que par l'action politique : aussi bien par la politique économique avec les différents instruments, que par la politique dans sa capacité à peser sur les relations économiques au niveau mondial. Il convient de rétablir la loi du marché pour redonner à chaque pôle son influence sur les cours des matières premières. Les terres rares, d'abord méconnues, en cause l'étape du niveau des connaissances scientifiques et techniques, et l'uranium exploité auparavant illustrent bien ce besoin. Dans tous ces cas de marché de matières premières, le développement des technologies a suscité leur demande. Il s'agit bien de l'appel de la demande vers l'offre : C'est cette demande qui a conduit au drame social des populations locales dans ces pays africains, souvent accompagné du drame écologique.[95] Le rétablissement de cette loi générera des conflits, mais surtout remettra en place non seulement les bénéfices de la générosité de la nature, mais aussi le poids réel des matières premières sur le cours des monnaies. Ainsi, la souveraineté nationale sur la monnaie sera affranchie des risques liés à son évaluation par rapport aux autres monnaies mondiales, et verra sa parité et sa convertibilité garanties.

La monnaie ainsi relancée sous l'autorité des dirigeants réunis des pays d'Afrique centrale serait une monnaie d'intégration économique, circulant dans l'espace des six pays. Son taux de change se situerait dans une fourchette qui réduirait considérablement la sur-cotation des coûts des approvisionnements sur le marché mondial. La croissance soutenue de l'économie chinoise a fait réagir les concurrents mondiaux, qui voyaient dans le taux de change du yuan une arme déloyale dans la concurrence, faisant passer l'économie chinoise pour une économie pratiquant le dumping. Les entreprises des économies concurrentes installées en Chine ont profité du faible coût de la main-d'œuvre pour tirer d'énormes profits, mais face à la puissance grandissante de cette économie, les gouvernements de ces pays se sont posés en défenseurs de l'emploi

---

[95] Milandou, M., Portrait d'un ex-colonisé au XXIe siècle, Bod Edition, 2024, p. 88, 94

sur leur territoire, dénonçant une prétendue concurrence déloyale de l'économie chinoise, qui semblait bénéficier de subventions publiques.

Observons plutôt cette attitude économique teintée de passion financière, qui consiste à décrier la déloyauté d'une monnaie sous-évaluée malgré la forte croissance de son économie. En d'autres lieux, dans des circonstances similaires, on ne relèvera jamais cette sous-évaluation quand elle occasionne des profits exceptionnels. Voilà pourquoi les monnaies nationales qui ont su se maintenir à un cours quasi constant sont celles dont l'acquisition et la circulation sont limitées à l'espace territorial de l'économie nationale. Ces monnaies sont utilisées dans les échanges internes, avec des frontières étanches empêchant toute évasion monétaire, laquelle est sévèrement punie par la loi. Les relations économiques avec l'extérieur sont financées par les devises issues des exportations.

Nous avons parcouru un chemin complexe qui nous amène à la question centrale : *quelle est la véritable cause de la stagnation économique africaine ?*

L'effort intellectuel pour répondre à cette question est immense et épuisant. La critique de la monnaie CFA prend de l'ampleur, mais ses avantages restent très discrets. Le problème réside dans l'incapacité à se détacher du schéma imposé de la dichotomie économique : la séparation entre la microéconomie et la macroéconomie, avec une primauté accordée à cette dernière, perçue comme la source de vitalité pour la société. D'où l'importance donnée au taux directeur plutôt qu'au taux d'intérêt, et à la suprématie de la banque centrale sur les banques commerciales.

Dans l'expérience du développement économique, nourrie par les réussites entrepreneuriales et la croissance de la richesse collective nationale, le fond reste stable : l'innovation n'est influencée par la nature de la monnaie uniquement qu'à travers le taux d'intérêt. Les entrepreneurs n'interagissent pas directement avec la banque centrale, qu'ils peuvent même ignorer, car ils se concentrent sur le niveau de l'épargne et son taux d'intérêt. Tant qu'une monnaie peut se constituer en épargne, les entrepreneurs trouvent des réponses adéquates à leurs besoins de financement.

Une enquête menée en 1994 dans l'économie congolaise[96] auprès d'un panel d'entrepreneurs eut permis de les classer en deux catégories : les entrepreneurs politiques et ethniques, bénéficiant d'une rente de positionnement politique (ce qui, aujourd'hui, serait considéré comme du blanchiment d'argent, condamné par la loi), et les entrepreneurs innovateurs, ayant lancé leurs affaires par leurs propres moyens. Ces derniers devaient appliquer une discipline managériale rigoureuse, en développant des mécanismes de gestion microéconomique[97]. Ils évitèrent le système bancaire, n'y ayant recours que lorsque leurs affaires, financées par l'auto-épargne, nécessitassent ce rapprochement pour des raisons de sécurité.

Un exemple récent est celui du Nigérian, devenu le plus grand industriel africain, dont l'histoire témoigne de l'indifférence de la qualité de la monnaie sur l'innovation. Son aventure industrielle a débuté dans la zone de monnaie franc CFA.

Une hypothèse émerge : Le taux d'intérêt est la véritable donnée financière dans l'investissement. Lorsque la banque centrale octroie une certaine autonomie aux banques commerciales, celles-ci, en quête de stratégies de survie, cherchent à se positionner avantageusement sur le marché du crédit. Cela

---

[96] Dzaka, Th. et Milandou, M. in Revue Politique Africaine, n° 56, Khartala 1994. Les mêmes conclusions n'auraient aucun mal à s'appliquer aux sept pays de l'Afrique centrale : le Cameroun, le Gabon, la Guinée équatoriale, la République centrafricaine, le Tchad, la République Démocratique du Congo et bien sûr le Congo.
[97] De l'homo oeconomicus, inventé par le marginalisme : Un entrepreneur qui lance une entreprise en identifiant une opportunité de marché lucrative et en élaborant un plan d'affaires stratégique pour maximiser les bénéfices.

stimule la demande de crédit et assure la survie des banques, ce qui est bénéfique pour la croissance économique et l'amélioration du bien-être collectif.

Malheur s'abattra sur cette hypothèse qui semble soutenir le statu quo ! La démarche adoptée est plutôt oscillante ; aucune étude scientifique n'a démontré que la monnaie franc CFA est la cause de la stagnation économique, c'est-à-dire de cette situation où la distorsion des revenus crée un tableau économique et social désolant. C'est là un point de discorde assuré, tant les émotions nourrissent tant de rancœur. Dans les faits, c'est une façon aussi limpide d'affirmer, en d'autres termes, que pour changer de monnaie, il n'est pas nécessaire de présenter des arguments académiques qui suscitent plus de doutes que de certitudes sur la volonté de ce changement au sein de la société. Comme les exemples précédemment mentionnés le montrent, ces situations semblent avoir souffert de la neutralité académique des penseurs dont les compétences étaient pourtant attendues.

À l'instar du Maroc, des USA, du Canada, de l'Inde, de l'Afrique du Sud, du Nigéria, du Ghana, etc., les pays de la zone franc doivent simplement assumer leurs responsabilités en tant que nations souveraines. Leur souveraineté demeure partielle car ils manquent un attribut essentiel de la souveraineté : la souveraineté monétaire. Et pour cette souveraineté, le CFA pourrait tout simplement désigner la *Communauté du Franc Africain*.

Aussi comme éperon d'incitation à se lancer dans la conquête de toute la souveraineté :

> 1. *Stabilisation des réserves de change : Il est crucial de renforcer les réserves de change pour maintenir la stabilité de la nouvelle monnaie. Cela peut être réalisé en encourageant le rapatriement des revenus des exportations et en mettant en place des régulations strictes sur les transactions en devises étrangères.*

2. *Adoption de politiques monétaires prudentes :* La banque centrale doit adopter une politique monétaire restrictive pour éviter l'inflation et maintenir la stabilité de la monnaie. Cela inclut le contrôle de la masse monétaire et des taux d'intérêt.
3. *Renforcement des institutions financières :* Il est essentiel de renforcer les institutions financières pour assurer une gestion efficace de la nouvelle monnaie. Cela inclut la formation du personnel et l'amélioration des infrastructures bancaires.
4. *Coopération régionale :* La coopération entre les pays membres de la CEMAC est cruciale pour la réussite de la nouvelle monnaie. Les pays doivent travailler ensemble pour harmoniser leurs politiques économiques et monétaires.
5. *Sensibilisation et acceptation :* Il est important de sensibiliser la population et les entreprises aux avantages de la nouvelle monnaie et de gagner leur acceptation. Cela peut être fait par le biais de campagnes de communication et d'éducation.
6. *Adaptation aux nouvelles régulations :* Les entreprises et les opérateurs économiques doivent s'adapter aux nouvelles régulations en matière de transactions en devises étrangères et de rapatriement des revenus. Cela peut nécessiter des ajustements dans leurs opérations et leurs pratiques commerciales.

En suivant ces étapes, la CEMAC peut surmonter les premiers défis liés à l'introduction d'une nouvelle monnaie souveraine et assurer sa stabilité et son succès à long terme. De très grands défis, car il s'agit de faire comme ont fait les autres.

Epilogue

En conclusion : Qu'est-ce que la souveraineté ? Qui en détient le pouvoir ? Et pourquoi ce terme n'est-il une préoccupation en analyse économique africaine que dans le contexte monétaire ? Ces questions permettent d'éviter toute confusion sur le concept.

La souveraineté en économie se réfère au pouvoir et à l'autorité d'un État ou d'une nation de contrôler ses propres affaires économiques sans interférence extérieure. Cela inclut la capacité à prendre des décisions indépendantes concernant les politiques monétaires, fiscales, commerciales et industrielles. Voici les aspects clés à considérer :
- La politique monétaire c'est l'expression de la capacité d'un pays à gérer sa propre monnaie, notamment en fixant les taux d'intérêt et en contrôlant l'inflation.
- La politique fiscale est l'expression par excellence de la souveraineté s'exèrçant sur un domaine incontesté, car il représente une des principales sources de revenus pour financer les dépenses publiques.
- Les politiques commerciale et industrielle, bien que moins visibles, concernent la régulation du commerce extérieur à travers la taxation des exportations, les subventions à l'industrie nationale, et la définition des réglementations diverses.

En fin de compte, l'objectif est d'atteindre la souveraineté économique, où un État exerce pleinement son pouvoir sur ses affaires économiques, assurant ainsi un contrôle autonome et indépendant de son développement économique.

Qu'en est-il dans le contexte actuel de la mondialisation ?
C'est précisément dans ce contexte que se pose la question de la souveraineté monétaire. La souveraineté économique est souvent mise à l'épreuve par les accords internationaux, qui peuvent limiter la capacité d'un État à agir de manière

indépendante.[98] Certaines nations cherchent à maintenir ou à renforcer leur souveraineté économique en protégeant leurs marchés et en limitant l'influence des institutions économiques internationales.[99]

Le terme "souveraineté économique" a commencé à être utilisé aux États-Unis dès 1854 et en France à partir de 1856. Cependant, ce concept a gagné en popularité et en pertinence au fil du temps. Les défis économiques mondiaux récents, tels que la pandémie de COVID-19 et les crises énergétiques, ont conduit à une plus grande autonomie des systèmes économiques nationaux, renforçant ainsi la cohésion économique mondiale.

La souveraineté économique est un concept complexe, mais linéaire dans son essence. Elle est au-dessus de la souveraineté monétaire et implique l'intégration dans un espace économique façonné par le développement des échanges. Dans cette deuxième moitié du XIXe siècle, aux États-Unis et en France, le concept de souveraineté économique émerge dans un contexte où la question centrale était de savoir comment un pays pouvait maintenir son indépendance économique et sa sécurité nationale tout en participant au commerce international. Aux États-Unis, ce concept était utilisé pour promouvoir la production nationale et réduire la dépendance aux importations. En France, il visait à renforcer la résilience économique face aux crises et aux conflits.

Durant un siècle où le laissez-faire et le libre-échange étaient les idéaux d'un libéralisme dominant, toute autre approche du progrès global impulsé par le progrès économique était souvent

---

[98] La politique des sanctions économiques, qui a pour point de départ le libéralisme économique, a pour objectif de perturber la croissance économique de certaines économies dont l'ouverture au libéralisme est jugée peu satisfaisante.
[99] Sans oublier la perception négative de la technologie de certains produits, comme c'est le cas des produits Huawei sur les marchés de l'Amérique du Nord.

écartée. Cependant, la souveraineté économique est devenue un impératif pour les nations cherchant à naviguer dans les eaux turbulentes de la mondialisation.

Que cherche-t-on à obtenir avec cette souveraineté monétaire réclamée par les souverainistes dans ces économies, qui choisissent délibérément d'ignorer les capacités et les compétences d'un pouvoir régalien national à générer tout un arsenal de projets sociaux au sein de la politique économique, démontrant ainsi sa maîtrise de cet instrument essentiel qu'est la banque centrale ?

Nos croyances peuvent aussi, parfois, nous mener dans une impasse. « "Comme les libre-échangistes du XIXe siècle, qui croyaient être parfaitement sensés, estimant que seules leurs idées étaient justes, et que toute politique visant à interférer avec l'idéal de la division internationale du travail était toujours le produit de l'ignorance engendrée par l'égoïsme." "Ensuite, ils croyaient qu'ils allaient résoudre le problème de la pauvreté, et le résoudre à l'échelle mondiale, en utilisant de manière optimale, tel un bon père de famille, l'ensemble des ressources et des compétences disponibles sur la planète." "Ils pensaient également qu'ils ne serviraient pas seulement la survie des plus aptes économiquement, mais aussi la grande cause de la liberté, de l'initiative individuelle et du droit de chacun à user librement de ses dons, la cause de la créativité artistique et de la liberté de penser, contre les forces du privilège, du monopole et de l'obsolescence." »[100]

***

Nous avons commencé cette revue par l'évocation de la sensibilité à la problématique du développement d'un Président de la République. Nous allons la clore par l'analyse sociopolitique de l'humain que nous avons maintenu au centre de la problématique : Voici en résumé clair l'énoncé des problèmes

---

[100] Keynes, J. M., la pauvreté dans l'abondance, op. cit., p.198

qui sont ceux qui ont miné et semblent encore miner l'avenir de l'Afrique noire : ni souveraineté monétaire, ni matières premières, ni encore l'inadéquation entre formation et emploi, ni françafrique, mais la nature de l'individu.

Au-delà des jérémiades sur le pillage et l'asservissement par la monnaie, voici le point de vue sur le développement de la RDC de KENGO wa DONDO Léon, juriste sorti de l'université libre de Bruxelles, ancien Premier ministre - sous le régime du MPR, parti unique -, ancien président du Sénat - sous l'ère démocratique[101] : **Question de l'investigateur : « Comment expliquez-vous que le pays laissé par les Belges, dans un état de développement supérieur à l'Afrique du Sud et même au Canada, soit aujourd'hui dans cet état ? »
**Réponse : « C'est l'homme ! La faute à l'homme ! Parce que, normalement, avec tout ce que nous avons comme dons dans ce pays, ce pays ne devrait pas être là. »
**Question : « Qu'est-ce qui manque à l'homme pour que ce pays change ? »
**Réponse : « La volonté de réussir. C'est ce qui lui manque. Sans cette volonté-là, le Congo ne vaudra aucun pays. »
**Question : « Est-ce qu'on nous laissera nous développer ? »
**Réponse : « Mais, on nous laisse nous développer. Mais nous devons tout faire pour éviter la cupidité ; pour travailler pour le pays ; pour qu'il se développe ; et nous avons tous les atouts. »
**Question : « Vous avez dit que le problème c'est l'homme. Est-ce que l'homme congolais est capable de tout ça ? »
**Réponse : « Oui ! L'homme congolais est capable de tout ça. Mais il doit mettre en avant sa probité et son honnêteté, qu'il travaille pour le pays et pas pour lui. S'il le fait, le pays va monter ; et monter plus haut. »

Les choses paraissent si simples si l'on se garde de faire la politique de l'autruche : Le développement humain est la cause du développement économique.

---

[101] Internet

Annexe 2

Balance commerciale entre la France et les pays de l'AOF, l'AEF et le Cameroun

	AOF			AEF			Cameroun		
	Impt	Expt	solde	Impt	Expt	solde	Impt	Expt	solde
En millions d'anciens francs									
1886-1890				4,0	4,1	+0,1			
1891-1895	38,8	32,5	-6,3	3,8	3,6	-0,2			
1896	43,9	37	-6,9	4,6	4,6	0			
1897	44,1	35,5	-8,6	3,5	5,2	+1,7			
1898	53,1	45,3	-7,8	4,8	5,6	+0,8			
1899	69	47,4	-21,6	6,6	6,6	0			
1900	68,9	60,5	-8,4	10,4	7,5	-2,9			
1901	80,6	50,5	-30,1	7,8	7,3	-0,5			
1902	73,3	57,2	-16,1	5,5	8,3	+2,8			
1903	89,7	71,7	-18	6,9	9,9	+3			
1904	90,7	64,8	-25,9	9	12,1	+3,1			
1905	96,7	56	-40,7	10,3	13,9	+3,6			
1906	92,5	70,9	-21,6	13	16,4	+3,4			

1907	96,8	80,2	-16,6	15,1	19,5	+4,4		
1908	108,4	84,3	-24,1	10	16,8	-6,8		
1909	118,4	109,6	-8,8	11,1	17,1	+6		
1910	152,9	125	-27,9	13,1	24,6	+11,5		
1911	150,5	116,9	-33,6	17,9	29,1	+11,2		
1912	134,6	118,4	-16,2	19,9	28,9	+9		
1913	150,3	125,9	-24,4	21,1	36,6	+15,5		
1914	118,8	116,2	-2,6	11,2	16,7	+4,5		
1915	102,8	118,8	+16	8,2	14	+5,8		
1916	170,4	129,3	-41,1	11,8	19,8	+8		
1917	203,7	180,1	-23,6	9,5	27,7	+18,2		
1918	375	277,6	-97,4	8,3	21,7	+13,4		
1919	300,8	328	+27,2	9,7	29,2	+19,5		
1920	653,7	588,4	-65,3	65,6	80,6	+15		
1921	372,4	335,4	-37	41,2	21,3	-19,9	33,5	21,4	-12,1
1922	351,5	311,3	-40,2	26,5	32,6	+6,1	33,4	25,2	-8,2
1923	542,7	445,5	-97,2	32,4	23	-9,4	54,4	41	-13,4
1924	764,3	653,7	-110,6	47	44,2	-2,8	73,9	66,2	-7,7
1925	1114,9	899	-215,9	88,3	66,8	-21,5	126	113	-13
1926	1550,7	1412	-138,7	170,4	104,8	-65,5	191,9	155,3	-36,6
1927	1407,4	1230,7	176,7	172,6	136,8	-35,8	195,4	163,2	-32,2
1928	1513,8	1240,1	-273,7	227,9	151,3	-76,6	205,7	159,3	-46,4
1929	1532,4	1328,2	-204,2	276,8	151,9	-124,9	193,6	170,2	-23,4

1930	1457,4	1168,5	-288,9	339,5	197,5	-142	172,8	136,7	-36,1
1931	776,3	719,7	-56,6	271,5	123,7	-147,8	104,4	82,1	-22,3
1932	647	539,5	-107,5	222,3	120,3	-102	72,6	83,1	+10,5
1933	639,4	498,1	-141,3	178,8	141	-37,8	75,3	77,6	+2,3
1934	607,3	578,8	-28,5	161,2	168,1	+6,9	58,7	72,5	+13,8
1935	720,1	749,1	+29	168,5	174	+5,5	88,6	98	+9,4
1936	968,1	978,4	+10,3	178,4	161,8	-16,6	26,4	168,2	+141,8
1937	1535	1374	-161	240	256	+16	258	263,3	+5,3
1938	1627	1416	-211	290,8	264,1	-26,7	215,2	252	+36,8
1939	1771	1400	-371	306	261	-45	239,4	243,2	+3,8
1940	1347	1237	-110	305,7	189	-116,7	161,4	217,4	+56
1941	1349	1568	+219	460,9	309	-151,9	199	179,5	-19,5
1942	1821	1452	-369	751,1	469,3	-281,8	247,7	253,8	+6,1
1943	1539	969	-570	849,3	463,2	-386,1	311,1	355,3	+44,2
1944	2077	1756	-321	757,4	764,6	+7,2	394	471,3	+77,3

En millions
de nouveau
francs

1945	6	5,8	+0,2	4,5	9,8	+4,4	1,2	0,4	-0,8
1945	34,1	25,2	-8,9	8,8	6,8	-2	4,3	6,2	+1,9
1946	101,8	70	-31,8	22,5	22,8	+0,3	17	17	0
1947	202,5	127,4	-75,1	35,8	44,1	+8,3	37,3	27,4	-9,9
1948	354,4	329,6	-24,8	105,6	108,9	+3,3	87,7	75,4	-12,3

1949	689,5	548	**-141,5**	226,1	130	**-96,1**	175,5	134,8	**-40,7**
1950	843,4	619,3	**-224,1**	267,8	158,5	**-109,3**	211,2	163,8	**-47,4**
1951	1226,7	773,9	**-452,8**	364,8	228,1	**-136,7**	329,9	227,4	**-102,5**
1952	1223,2	803,8	**-419,4**	402,6	204,5	**-198,1**	372,9	220,8	**-152,1**
1953	1101,8	935,2	**-166,6**	296	200,8	**-95,2**	282,5	262,4	**-20,1**
1954	1328,9	1165,2	**-163,7**	333,6	255,9	**-77,7**	325,3	304,9	**-20,4**
1955	1344	1066	**-278**	367	274	**-93**	363	331	**-32**
1956	1335	1200	**-135**	411	283	**-128**	333	263	**-70**
1957	1551	1209	**-342**	522	308	**-214**	363	300	**-63**
1958	1499	1372	**-127**	589	398	**-191**	429	446	**+17**
1959	1602	1374	**-228**	626	417	**-209**	403	535	**+132**

Source : La France et l'Outre-mer - CHEFF - 1998

Annexe 1
Zone franc CFA - Répartition géographique du commerce

	Région occidentale								Région centrale							Z. franc
	Bén	B. F.	C. I	Mli	Nig	Sén	Tgo	Total	Cam	C. af.	Tch	Cgo	Gab	G. Eq.	Total	
1965-67																
Intra-Zone franc CFA	8.0	41.7	4.4	23.6	8.2	2.3	3.7	6.8	2.1	0.9	1.4	0.8	2.7	—	1.9	5.0
France	49.4	36.0	46.4	19.6	54.4	61.7	34.7	48.4	50.5	48.6	39.8	47.8	—	47.9	48.2	
Autres P. d'Europe	23.2	10.4	25.2	9.8	12.3	13.8	36.5	20.7	27.7	19.8	22.0	41.0	21.8	—	27.2	23.1
Amérique du Nord	5.4	2.2	11.3	1.5	2.8	2.1	3.2	6.7	8.8	11.9	5.9	3.4	16.9	—	10.0	7.9
Japon	1.2	0.4	1.4	0.8	2.0	0.8	9.8	1.8	1.8	1.6	2.4	0.8	1.1	—	1.5	1.7
Reste	12.6	9.2	11.2	44.5	20.4	19.3	12.4	15.6	9.1	15.2	19.8	14.2	9.6	—	11.6	14.1

1985-87																
Intra-Zone franc CFA	4.9	24.5	8.2	25.2	7.2	9.7	6.5	9.8	5.1	0.8	12.6	2.0	4.1	7.4	4.1	7.4
France	20.2	32.9	22.7	25.6	55.2	32.5	24.6	26.9	33.3	44.9	32.6	26.5	40.3	1.7	34.4	30.1
Autres pays d'Europe	38.8	20.3	37.6	29.9	16.6	23.7	37.2	32.8	40.5	24.2	42.1	29.5	22.1	79.4	31.4	32.2
Amérique du Nord	7.0	.8	10.4	4.6	2.5	4.7	5.5	7.8	6.1	1.7	8.7	33.3	17.5	0.1	15.9	11.2
Japon	5.0	3.5	2.6	1.7	2.6	2.7	3.7	2.8	4.9	2.0	0.8	1.7	2.7	0.2	3.2	3.0
Reste du Monde	24.2	15.1	18.6	12.9	15.8	26.7	22.3	19.8	10.2	26.5	3.2	7.0	13.2	11.0	11.0	16.2

Bénin ; Burkina Faso ; Côte d'Ivoire ; Mali ; Niger ; Sénégal ; Togo ; Cameroun ; Centrafrique ; Tchad ; Congo ; Gabon ; Guinée Equatoriale.

Source : Direction of Trade Statistics in FMI, INST/93-II/II-A-15

Bibliographie

Heartsong, Cl. (2010). Anna, la voix des madeleines. Ariane.

Bertin, G., **Raynauld**, A. (1972). L'intégration économique en Europe et en Amérique du Nord. Clément-Juglar, 414 pages.

Békolo Ebé. (1999). Intégration économique en Afrique centrale. L'Harmattan.

Buffon, A. (1979). Monnaie et crédit en économie coloniale : Contribution à l'histoire économique de la Guadeloupe 1635-1919. BASSE-TERRE ; 388 pages.

Giraudo, A. (2015). Quand le fer coûtait plus cher que l'or : 60 histoires pour comprendre l'économie mondiale. Fayard. 367 pages.

Godeau, (1995). Le franc CFA : Pourquoi la dévaluation de 1994 a tout changé. Paris, SEPIA, 218 pages

Jorion, P. (2015). Misère de la pensée économique. Flammarion, champs. 294 pages.

Keynes, J. M. (2002). La pauvreté dans l'abondance. Gallimard. 290 pages.

Ludwig, Von Mises (1985). L'action humaine : Traité d'économie. Paris, Puf.

Milandou, M. (2008). Loi de Say et développement économique en Afrique subsaharienne. Editions ICES. 286 pages.

N'Gbanda Nzambo Ko Atumba, H. (1998). Ainsi sonne le glas ! Les derniers jours du Maréchal Mobutu. Ed. Gideppe. 449 pages.

Rudloff, M. (1970). Economie monétaire. Cujas.

Say, J.-B. (1972). Traité d'économie politique. Calmann-Lévy.

Say, J.-B. (1996). Cours d'économie politique et autres essais. Flammarion.

Schumpeter, J. (2001). Théorie de l'évolution économique. Economica.

Smith, A. (2000). Recherche sur la Nature et les Causes de la Richesse des Nations. Economica. 389 pages.

Sowel, Th. (1991). La loi de Say. Paris-Litec

Valance, G. (1998). Histoire du franc 1360-2002. Flammarion, Champs. 446 pages.

Walras, A. (1997). La vérité sociale. Economica.

Walras, A. (1990). Richesse, Liberté et Société. Economica.

Wago, J. B. N. (1997). L'Afrique et son destin. L'Harmattan, 206 pages.

Barel, Y. (1982-1983). L'autonomie sociale. USSG – CEPS, ministère de l'Urbanisme et du logement, mission d'études.

Dzaka, Th. (2002). Itinéraires entrepreneuriaux des entrepreneurs chinois, congolais et angolais à travers les continents d'Asie et d'Afrique et pouvoir politique, Communication présentée au Colloque de Prague, mai.

Dzaka, Th. ; **Milandou**, M. in Revue Politique Africaine, n° 56, Khartala 1994

Leclercq, H. (1996). Du Congo au Zaïre, un siècle d'histoire monétaire. In Colloque de Bercy.

Lelart, M. (1996). L'origine du compte d'opérations.

Ministère de l'Information : 1960. Année de l'Afrique : la vie politique dans la République du Congo Brazzaville. 278 pages

Table

Avertissement

Introduction   7

Chap. I Structure économique et monnaie 21

Chap. II La Zone Franc 59

Chap. III. La nature du problème 79

Epilogue   125

Annexes   129

Références bibliographiques   135